4色の人

―あなたの心の光らせ方―

心は「光」でできている

目次

はじめに

「この本を運命、運勢、他人の性格判断に使わないでください。
ご自分の心を光で満たすたすけとしてください」

（『潜在能力点火法』三木野吉著）

『4色の人』は、『潜在能力点火法』三木野吉著をできるだけわかりやすくした、解説本です。

本書をお読みになる前に、巻末にあります『4色の人』で、自分の「数」と「色」を出してからお読みください。

『潜在能力点火法』から、特に大切なことと、早織の体験から得た「私見」を加えて書きます。

本書の目的は、「**人の心を光らせる方法を、できるだけ多くの方に、お伝えすること**」です。

本書は、皆様が、今まで聞いたことのない内容です。
「大変動する時代」となりました。
とうとう自分の心を、自分で光らせる時代が来たのです。
自分と大事な家族を守る「新しい画期的な方法」を日本人が発見しました。

・「少子化問題」は、「少数精鋭」、一人一人の心が光ることで、夫婦はラブラブになり子供も授かります。

・夫婦が光ったら、素晴らしい「家族愛」が生まれて、光に包まれた子供が産まれます。

・どんな困難に出合っても、乗り越える力が付いてきます！

まえがき

昔、印刷技術が発達していない時、「地図を作る時、最低何色あれば、隣同士の国の色を変えることができるか?」を研究した人がいました。

研究者の名前は、イリノイ大学のアッペル博士とハーケン博士です。

大型の計算機で算定して最低4色あれば、隣同士の国の色を違えて地図を印刷できることを発見したのです。この定理を「四色の定理」と言います(『潜在能力点火法・開門編』より)。

早織の師、物理学者の三木野吉先生は、「人の心が、光でできていること。その光でできている心に入ってくるエネルギーも光」ということを発見して、「心⇅光」と表しました。

「四色の定理」をヒントにした物理学者の三木野吉先生は、「人の心の光エネルギー」が「9色」あり、その9色の中で代表する色が「4色」あることを発見したのです。

そして、自分の心を光らせる方法＝『潜在能力点火法』を発表しました。

☒自分の心が光ってきたら、家庭内の争いも自然になくなります。たとえ意見の違いがあってもお互いが歩み寄る努力をして、「終わり良ければすべて良し！」となっていきます。

☒独身の人は、自分が内面から光ってきて、ピッタリの結婚相手を引き寄せます！

☒性格不一致夫婦も、心の壁がとれて、会話も増えてきて、自然に仲良くなります。

☒心が光ってくると、身体も熱くなり、自然に子供も授かります。

☒夫婦の愛情も深くなり、子供もどんどん産まれてきます。

☒調和法で、「少子化問題は解決します」

☒本物の愛で産まれた子供は自分の個性を生かして成長します。

☒想定外の苦しいことに出会っても、苦労を乗り越える力が湧いてきます。

三木野吉先生は、その「世紀の大発見」を8冊の著書に残して、1995年12月7日（617）[※]この世を去りました。

1995年は、1月17日（696）に阪神・淡路大震災の起きた年でした。

※括弧の中の3桁の数は、その日にちの光エネルギーの数を表しています（詳しくは第三章をご参照ください）。

早織は、三木野吉先生が亡くなるまでの10年間、三木先生に師事を仰ぎました。

いつも講演会では、「ここまでは、僕が光の世界が実在することを証明しましたから、あとは皆様で解いてください！」と言うのが、「口ぐせ」でした。

１９８５年11月９日（５２７）に、広島の紀伊国屋書店で、三木先生の『潜在能力点火法・開門編』に初めて出合ったのは、早織が35歳の時でした。

他の著書も読みたいと、三木先生経営の出版社（株）ノアに電話したところ、広島県から電話していると知った三木先生は、「あなたの一番近い所では、『神戸県民会館』で講演していますから、ぜひ来てください！」とすすめてくださいました。

三木先生は、水曜日の午後しか事務所にいないことを後で知り、早織の電話した日が水曜日の午後だったと気づき、タイムリーな偶然にびっくりしました。

急な展開に、びっくりした早織は、「幼い子供（３歳）がいるから無理です」とはっきりお断りしたのを、34年経った今でもよく覚えています（笑）。

はっきりお断りしたはずの早織でしたのに、３歳の次女の手を握って神戸まで飛んで行ったのもまだ若かった自分としては、ずいぶん勇気ある行動でした。

1986年6月8日（652）、三木先生の67歳のお誕生日に神戸の講演会に参加してお会いしました。

まじりっけのない、美しい真っ白な髪で覆われた頭の、とても日本人とは思えない深い彫のお顔立ちで、まるで、ロシアやモンゴルの草原からやって来たような、強烈な第一印象でした。

三木先生は、3歳の幼い次女を嬉しそうに、「お姫様だっこ」をしてくださり、幼い子供が母親に連れられて自分を訪ねてきたことを大層喜んでくださり、34年経った今でも昨日のように懐かしく思い出します。


本書は、かつて日本の国に、偉大な物理学者が確かに生きていらしたこと、そして「世紀の大発見」を、『潜在能力点火法』で発表したこと、そして、亡くなるまでの10年間・3カ月で日本を一周する勢いで、「たった一人」で自分の発見した「心が光のエネルギーでできていること」、「それを伝えて歩いた日本人が存在していたこと」を綴っています。

「４色の人」は、その日本人の「世紀の大発見」が、「世界中のご家庭を救う具体的な方法」でありますことを「伝えることを目的」として書きます。

「４色」は、肉眼では見えない「心の光の色」のことです。

色は「緑・黄・赤・青」の「４色」です。

今、日本では、家庭内で親による子殺し、子供による親殺し、夫婦間のＤＶ、親子のＤＶ、などなどの一番愛すべき家族の崩壊が目を覆うばかりの勢いで表に出てきています。

事件となれば、報道されますが、どれだけの家庭にどれだけの崩壊が起きているかは、氷山の一角のごとく隠されています。

一番守ってくれるはずの「親」が「子供」をひどい暴力で殺してしまう事件が後を絶ちません。

これは一体何を表しているのでしょうか？

著者の早織は、三木先生が亡くなるまでの10年間師事しておりました。

三木先生は１９１９年（大正８年）６月８日（２５７）のお生まれで、

本名は「渡辺泰男」です。「三木野吉」は「ペンネーム」です。

三木先生は戦争経験者として、ロシアの捕虜となり、北朝鮮に捕虜として抑留されていたこともありました。

その強烈な体験を通して「人の幸せは家庭の調和にある」ことを「悟り」、後半の人生は、ご縁があったお一人お一人の「家族の処方箋」を「作成」して、そのご家庭のどこに争いの問題が隠れているかを丁寧に説いて日本全国を講演していました。

まさに50年以上も前から、今日の日本の「家庭崩壊の危機」をすでに「気づいて」いました。

そして、亡くなる直前まで、「家庭崩壊」をなんとか食い止めようと「たった一人で」老体に鞭打ち日本全国からブラジルまで、説いて回っていました。

1985年11月9日（527）、書店でたまたま『潜在能力点火法』に出合った当時の早織は、子供たちを主人と同じ医師にするべく、猛烈な教育ママでした。本の題『潜在能力点火法』がまるで、「英才教育」や「超能力」の「方法」が書いてあるのでは（?）と勘違い（?）して飛びつきました（笑）。

「教育書」で一番大切なのは、どんなに美しい言葉で、素晴らしいことが書いてあっても、「具体的な方法」が書いてあるかどうかです。本好きな早織は、たくさんの有名な教育者の本を買い求めていたので、「具体的な方法」が書いてある本がいかにないか、そして自分の役に立たないかを知っていました。ですので、『潜在能力点火法』に飛びつきました（笑）。

また、「日常のストレスを解消しましょう！」とよく耳にしますが、ストレスの原因は、家庭生活や社会生活の人間関係にあることは、どなたも経験されているかと思います。この本には、「ストレス解消する具体的な方法」が書いてあったのです。

ただし、妄信したり、鵜呑みにしないで、その方法が真実かどうかを確かめるために、実際に書いてある方法の「点火法」を実行してみることにしたのです。

どんなことも、自分で確認しないと「真実」かどうかはわからないからです。

「点火法」を始めて、あっという間に気づいたら34年経っていました。

その結果は、予想以上でした。

あまりにも「点火法」の凄さにびっくりした早織は、その体験を『「光の国」からのメッセージ』（きれい・ねっと　初版2012年1月19日）に書いて出版しました。

第一章

光でできた「心」を光らせる方法

☒点火法＝光でできた心に火を点ける方法
☒調和法＝火が点いた心の灯を永久に消さない方法
☒打京＝心の前の戸を開ける方法（巻末P49～51）

緑の人……胃
黄の人……右胸（バストのトップ）
赤の人……左胸（心臓の上）
青の人……ノド仏の下（ネクタイの結ぶ場所）

一番大切なことは、自分の「光の色」を何よりも、大好きになることです。
そして、今まで閉じていた「心の戸」を開けましょう！

心の戸は、誰でも前の戸と後ろの戸があります。場所も決まっています（巻末P

49〜52)。

緑の人は、右手で、胃の場所を、ドアをノックする形にしてポンと打ちます。

黄の人は、右手で、右のバストのトップの場所をポンと打ちます。

赤の人は、左手で、左の心臓の上の場所を、心臓マヒを起こさないようにポンと打ちます。

青の人は、右手で、ネクタイの結び目あたりを、ポンと打ちます。

手の形は、4色ともドアをノックする形です。

赤の人だけは、左手を使います。

「打京」とは、字のとおり、「京（みやこ）」を「打つ」という意味です。

打つのは、一回だけです。「打京」することで、閉じていた心の戸が開きます。

☒推背＝背を推して後ろの戸を開ける方法

人により、9色あります。

場所は、頭を下にした時、背骨の一番上の出っ張っている所（ぐりぐりとした部分）

に人差し指をあてたまま親指を背骨にそって直角に開いたとき、親指があたるところです。巻末Ｐ50~51にありますように、どなたかにお願いして両手で三角形を作り、三角形の一番上の角が当たるように両手を置いてそのまま背中を推（お）すので推背と言います。

背中を推（お）したらすぐに左手は下ろし、右手の人差し指は、そのままにして図のように指を立たせて背骨にそって親指を直角におろした位置を確かめて、後ろの人にポンとノックの形でたたいてもらいます。

そのポンとたたいてもらった場所が、後ろの戸の位置です。

背中の戸の色は、巻末Ｐ47にある光の6人分の計算で出て来た2人目の第3数の色です。

背中の戸の色は人により9色に分かれます。

「前の戸」と「後ろの戸」を「打京・推背」で開けて自分の色を確認したら、前準備ができましたから、いよいよ調和法ができます。

「調和法」は、４色の色により違いますので、巻末Ｐ54〜61に書いてあります通りに、実行してみてください。10分もあれば完了します。その時に一番大切なことは、「未来の水源池」にありますように、自分と自分の家族が「来年の今日」ニコニコ団欒している姿を思ってから始めることが大切です。

「調和法」をする時間は、朝寝床の中で、寝たままの姿勢でします。

つまり、生まれたままの姿でします。

この朝10分間の調和法を毎朝続けることで、「心の光」が光ってきます。

☒「三木先生の発見」

・心は光でできている。

・光でできた心に入ってくるエネルギーも光です（心⇅光）。

・心の光を光らせる方法＝点火法＆調和法。

第二章

「形・色・数」の重大性

「言葉」は世界中で違いますが、世界中どこでも通用することが「形・色・数」です。

名前は、「形」になります。「色」は、どこの国でも言い方は違いますが、「赤は赤」です。

そして、一番わかりやすいのが「数」ですね。オリンピックの記録でも一瞬でゴールドメダリストが誰かわかります。

世界共通の「形・色・数」の中に、重大なメッセージがあると発見した物理学者の三木先生は、歴史上に起きた出来事が「なぜその日だったのか？」、「伝えたいことは何か？」など、あらゆる「形」「色」「数」の中に隠れている意味を、物理学者として探究していました。

「事件」「事故」でお亡くなりになった方々の尊いお命を、決して粗末にしてはいけないのです。

気づかないと、気づくまで、同じことが起きないように、真剣に探究しなくてはいけません。

・人と人の「縁」は、「数」で証明できる？

三木先生の発見によりますと、「光の世界」は、トランプゲームの「神経衰弱」の世界と同じです。

「同じ数」同士を見つけたら「わー嬉しい！」というゲームのような楽しい世界。「数」の一致から「縁」が証明できるのです。

「同じ数」同士は、磁石のように引き合う。これを日本人は「縁」と呼んでいます。「縁」という言葉は、日本にしかない言葉のようです。

原子・分子・素粒子のように、光エネルギーは「肉眼」では見えませんが、確実にこの世に「存在」していることを科学者として発見して、自分の発見したことが「真実」かどうかを証明するために、自分や社会・自然界で起きる「印象的」な出来事の意味を「形・色・数」に着目して探究していました。こうした研究で「形・色・数」の一致の中に、なぜ「その相手」と「縁」があったかがわかってきます。

人間関係は、一人では発生しません。

人間関係は、二人目から発生します。

「名前」は「形」です。

三木先生は、「生前親から頂いた物で、一番重宝する物は、両親が心を込めてつけてくださった『名前』ですよ！」とニコニコしながら話していました。そして、『名前』の中に、この世に生まれた『使命』も隠れています」と不思議なことを話していました。

図書館へ行き、「漢和辞典」で、名前の一字一字の詳しい「意味」を調べたら、自分の使命の意味が出ています。すでに「潜在意識」では、知っていることですから、すぐに見つけられますよ！

名前の一致も「縁」を表すことがあります。

今、お笑い業界では、「物まね」で人々を笑いへ誘いますが、同じということは、似てる似てないもありますが、「楽しいひととき」を見る人に提供していますね（笑）。「同じ名前」、「同じ誕生日」、「人の物まね」など、同じものを見つけて「わー嬉しい！」と喜ぶ世界が正に「光の世界」の楽しさを証明しています。

同じもの同士は、磁石のように引き合うことを「縁」と言います。

反対に、「人間関係のトラブル」なども、人と人の「縁」からトラブルに発展することが多々あります。

「名前=形」「数」の一致を調べていくうちに、「なぜその出来事」が「起きたのか?」、「原因」や「目的は何か?」、「何を印象づけようとしているか?」などなど、表面的に見ただけでは、解けない「メッセージ」が見えてきます。「原因」の「答」が正解だと、目的を達して「同じトラブル」は繰り返さないことを「発見」した物理学者の三木先生は、「123(ワンツースリー)の法則」を発表しました。

それほど「形・色・数」の中に「重大なメッセージ」が隠れているのです。

その「なぞ」を解くことは、まるで「推理小説」や、「クイズ番組」のような世界です。

今まで、誰も予想さえしていなかった「歴史上」の出来事や、社会で騒がれた事件の「原因」を発見して、その「答」が正解なら、その困った問題は、役目を終わって「雲散霧消」のごとく消えていきます。

「形・色・数」を使い、今まで全く聞いたことのない方法で解いてみます。

「解き方」は簡単です。「同じ形＝名前」や「数」の繰り返しに「着目」するのです。そして、「印象づく」ことから「答」を「推測」します。「答」が正解なら、今抱えている「困った問題」は、「消えてなくなります」。この本をお読みになる皆様も、一度試してみてくださったら、自然に「日常」の「困った問題」の解決の糸口が見えてきます。

その時、そのトラブルがどちらから見ても「単純・明快・矛盾なし」（426）かどうかをチェックすることが「大事」です。それほど「形・色・数」には、重大な「光の国」からのメッセージが隠れているのです。

このことを知って34年間、早織も本当の「目的」や「原因」を解いて「答」が正解かどうか（？）を実験しました。そして東日本大震災から「得た」メッセージを『「光の国」からのメッセージ』で発表しました。

大地震が原因でありましても、「人間」が作った「原子力発電所」の「大事故」を、二度と起きないように、「阻止」しなくてはいけないのです。

早織は隠れたメッセージを多くの人に伝えるために、本書を出版しました。今まで聞いたことのない突拍子もないことで、びっくりされるかと思いますが、どうか最後まで読んでくださったら嬉しいです。

☒「三木先生の発見」

・同じ数同士は磁石のように引き合う、これを「縁」という。数の一致＝縁を表す。
・「形・色・数」に着目すると、「光の国」からの「メッセージ」がわかる。
・「光の世界」は、トランプゲームのような楽しい世界。
・自分の「名前」の中に、この世に生まれてきた「使命」が隠れている。

第三章

「九進法」（一桁まで足す方法）

では、ここから「形・色・数」について詳しく説明していきます。まずは巻末にありますカラー刷りの「4色の人」のP5～7を参考にしながら、自分の光エネルギーの数と、自分の光の色を「九進法」の計算で出してみましょう。

「九進法」とは、ある数を一桁になるまで加える（足す）方法です。数は3つ出ます。

第1数は、生年月日の内、まず年を一桁になるまで加えます。

例えば、1950年生まれの方は、1＋9＋5＋0＝15＝1＋5＝6

第1数は6となります。

第2数は、月日を加えます（足す）。この方の誕生日が11月13日なら、1＋1＋1＋3＝6

第2数も、6となります。

第3数＝第1数＋第2数なので、6＋6＝12＝1＋2＝3となります。

この方の３つの数は６６３となります。

計算したら３つの数が出ますから、その中の一つの数が、あなたを代表する数＝色になります。

３つの数に、５がある人は、緑の人です。

５がなくて、４がある人は、黄の人です。

５も４もなくて２がある人は、赤の人です。（例外２２４は２が二つあるので、赤の人です）

５も４も２もなくて、６がある人は、青の人です。

５も４も２も６もない人は、巻末Ｐ７にありますように、兄弟色で、自分の光の色がわかります。

人により、１２３と３つとも違う数の人、６６３と二つ同じ人、９９９と３つとも同じ人もいます。

誰でも３つの数を持っていますが、３つの中の代表の数で色を決めます。

５緑の人・４黄の人・２赤の人・６青の人。

１から９までの数は、一つ一つ「光の性質」（巻末Ｐ34〜42）があります。

第十章では、歴史上の方・公人・有名な方々で、生年月日を公表されている方を計算しました。「光の性質」を理解する参考になるかと思いますので、「単純・明快・矛盾なし」の基準を守りながら説明させて頂きます。

あくまでも、著者であります早織の「私見」と言いますか、一つの見方ですので、決めつけないで、ご自分を理解するための参考にして頂きますのが、本書のお願いであります。

実際、私たちは、自分がどういう「性質」かは、よくわからないで、なんとなく自分はこんな人……と生きていることが多いかと思いますが、自分のこともよくわからないのに、人様のことは、まず理解できていないのが現状かと思います。

また、「決めつけ」ても間違いが起きますから、あくまでも「自分探しの旅」の「参考」にしてください。今まで、自己評価が低かった人も、自分の光エネルギーの性質を知った時、自分の素晴らしい光の性質に気づいて、びっくりされるのではないか(?)と早織は確信します。

なぜなら早織自身が、「青の光」と理解した時から、今までの自分に対する疑問がスーッと解けてなくなった体験をしたからです。

今、日本中、いえ世界中の幼い子供たちが、大人からの暴力で苦しんでいる事件が毎日のように報道されています。一番ひどいことは戦争です。

戦争・テロ・暴力・人身売買・家庭内暴力・子殺し・親殺し・差別……などなど、悲惨な状況を見た時、一人一人の基本的人権や尊厳がいとも簡単に阻害されている原因は何でしょう？

どんな人も、赤ちゃんとして産まれ、子供の時代がありました。

その幼い時から、大事にされて育ったかどうか？　愛されていたか？

充分な「愛」で育った人は、「愛される」ことを体験していますから、人も愛せます。

「心から愛されて育った人」は自分も愛せます。

「自分を愛する人」は、「人も愛せる」のです。

自分の自己否定が強すぎて、結果として自分を無意識に嫌っていると、自ずから、自分自身を粗末にする可能性があります。

自分が粗末にされて育つと、人も粗末にしてよいと学習します。

親から「しつけ」という名の下に、暴力を受けて育った人は、自分の子供にも自分が受けた暴力を真似して、子供にも「しつけ」という暴力をふるうのではないのでしょうか。幼児虐待のニュースを聞くたびに「その原因は何か?」を考えてしまいます。その親自身もどうして、暴力をふるうのかわかってないかと思います。

日本人は、昔から「自分に厳しい」民族で、「自分を律する」とか、座禅などでも「無私」「自我我欲を捨てる」「自己否定」が強い歴史があります。「私なぞどうでもいいのです」とか、「無私無欲」を「美徳」とする民族でした。

その結果、無意識に「自己否定」している自分に気づかないで大人になり、自分自身を必要以上に厳しく査定した結果、自分に厳しい人は、他者には、もっと厳しくなる傾向があるようです。

最近、母と子に暴力を日常的に振るっていた「父親」を、父親からの暴力から母親を守るために、ナイフで6か所刺して殺害した「長男」の裁判がありました。尊属殺人は昔から罪が重く、「父親」に対して強い殺意があったとして、情状酌量の余地は考慮できないとして、検察よりの厳しい判決が出たという報道がされていました。もしかしたら、「正当防衛」だったかもしれません。

「長年、幼い時から『父親』から『暴力』を受けていて自分の中では『しつけ』の一環として気持ちを処理していた長男は、自分はともかく、母親への暴力はなんとしてでも阻止して自分の『母親』を守ろうとした結果、他の方法は思い浮かばなかったと話している」と報道されていました。

「暴力」は、自分より強い者へとは向かいません。常に「弱い者」へ「暴力」は向かいます。「弱い者」の最たる者は、生まれたての赤ちゃん・乳児・幼児・児童……と力の弱い者たちに、大の大人が、気持ちの処理の相手として暴力を振るい、最近は小さい赤ちゃんへの虐待のニュースがあとを絶ちません。

つまり、自分自身を厳しく否定して、自己否定・自己嫌悪が強く、結果的に自分を嫌い、自分を愛せない大人が急増しているのではないか？と推理できます。

粗末にされて育ち、大人になってしまった時、自分の中の「何が原因」で、「暴力」が出てしまうのか？

本人も「原因」がわからなくて、ささいなことがきっかけで「切れて」、「暴力」を繰り返す。

悪いとわかっていても「手が出てしまい繰り返します」。

「暴力」は、振るわれる人も、振るう人も結果として「人格否定」となります。

親も兄弟も、夫も妻も、子供も孫も、自分が生きることに必死で、自分以外の人まで、「愛する」ゆとりのないのが現代社会ですが、『4色の人』で自分の色を知り、大好きになってください。誰にも愛してもらえないのなら、せめて、自分くらいは、「自分を愛して」あげてください。

「自分自身」を大事にできる人は、「人も大事にできます」。真の愛は、自己中心的やエゴではありません。

この本はもっと「自分を愛する」ことができる方法をお伝えすることを目的としています。

方法は簡単です。

「自分を愛することは、自己中心的ではないか？」と悩む必要もありません。

生年月日を計算して出てきた「自分の光の色」を、まるで自分の子供のように、大好きになるだけで大丈夫です。明るい自分の光の色が、「自分」を守っていることを思い出しますよ。

いつも、自分の光の色を意識して、身に付けたら、自分の光の色を忘れませんし、とても似合うので、何だか自然に「光の色を楽しんで」生活も楽しくなってきます。

「くよくよ」しても、自分の光の色を思い出したら、自然に明るくなります。

一度、「自分の光の色」のお洋服を身に付けて、楽しんでみてください。

早織自身、663の青い光、青色のテーマは「矛盾なし」ですが、心が曇ると「矛盾あり」となり、何度も失敗してきました。失敗する時は、「青色の光」を忘れていることが多く、自分が「青色の光」ということを忘れないために、「青色の衣服」を身に付けるようにしています。

不思議と、青色を着ると心が落ち着きます（笑）。

自分の光の色を大事にすると、精神安定にもつながります。

失敗しても、すぐに明るい意識に戻って、いつまでも過去の暗いことに執着しなくなります。さまざまな人間関係で、考え方の違い、意見の相違、感情的なもつれから争いが起きても、以前のように引きずらないようになります。自分の光を光らせる努力を一生かけてゆっくり続けていくと、結果として、素晴らしい循環を体験できるのです。**自分の光の色を知り、大好きになることは、自分を大切にすることです。**

早織の著書『「光の国」からのメッセージ』に詳しく書きましたが、「光の国」からメッセージが一瞬一瞬届いているのではと気づいた物理学者の三木野吉先生は、世界中のどこでも通用・共通することに着目しました。

三木先生のセミナーでは、「『言葉』は世界共通ではありませんが、世界共通の事柄は何がありますか？」とよく質問されていました。意外とこの質問への答えで、正解が出てくるのは時間がかかりました。正解は「**形・色・数**」です。

☒「三木先生の発見」

・誰でも見ている「形・色・数」の中に重大なメッセージが隠れている。

・光の数は「九進法」で計算して出します（一桁になるまで足す方法）。

・自分の光の色を大好きになる＝自分を大好きになる。

第四章

チェルノブイリと福島原発事故

『「光の国」からのメッセージ』は、２０１１年３月11日（４５９）に、起きた「東日本大震災」から「重大なメッセージ」をキャッチしたので、急いで書きました。人類が早く気づかないと、またもっとひどい「原子力発電所」の事故が起きかねないと気づいたからです。

昔から、日本には、「二度あることは三度ある。二度あることは三度ある」という諺があるように、日本人は同じことが繰り返し起きることに「気づいて」いました。

この諺の意味は、「二度起きた『失敗』『事故』『事件』などを、ないがしろにしないで、繰り返さないように用心しないと、また同じことが起きますよ！」という意味と解釈して用心してきました。

三木先生は、東京理科大学・物理学科卒の科学者です。「理系の立場から、言葉の綾ではなく、実際に何か起きた時、その原因に気づかないと、相手を変えて同じ内容のことが起きる法則に『気づき』、この現象から『123ワンツースリーの法則』がある」と、発表しました。

つまり、一度「事件」「事故」が起きた時、その起きた「原因」や「意味」に気づかないと、「気づかせる」ために、二度目が起きること。ワンで気づかないとツーが起きて、ワンよりも「気づかせようと」して、ひどい内容が起きること。もちろんツーで気づかないと、スリー目ではとんでもない大被害となり、「気づかない」人間に早く「気づいて」もらうために、どんどん「被害」も大きくなることを「発見した」のです。

『「光の国」からのメッセージ』にも詳しく書きましたが、三木先生がこの法則を発見したのは、「日本航空123便」の事故がきっかけでした。

この520名の方々が亡くなった大事故から、「123ワンツースリーの法則」があることを「発見」した三木先生は、全国で開催されていた講演会で発表しました。

つまり、一度目「ワン」で「原因」に気づいたら、二度目「ツー」は起きないけど、「ツー」でも気づかないと、三度目「スリー」は相当ひどい被害となることを「発見」

したのです。

「原因」がわかり、答えが「正解」でしたら、同じことは繰り返さない法則を発見したのです。

「日本航空123便」は、たった一人の人類が「気づいた」だけでしたが、「目的」を達したので、「永久欠番」となりました。

「気づく」内容は、小宇宙「個人的な事」中宇宙「社会的な事」大宇宙「天変地異」など3つのパターンで、「気づかせる」ようになっているようです。

個人的な家庭内のことは、その人に「何が繰り返し起きたか?」で「気づかせ」ます。

テレビや新聞等で知る情報は、社会的な繰り返しで「気づかせ」ます。

地震や大洪水、台風など、人間の力では防ぎようのない「大災害が繰り返し起きること」で、人々に次には、「大きい被害」が起きないように「工夫」することを「予測」して用心するように「気づかせ」ます。つまり、「明日は我が身」とばかり、人々は、一分先の「未来」もわからないので、その大被害が、まるで「突然」やってきたように感じて「不可抗力」として、「天災」と「人災」を分けて考えます。もしかしたら、「天災」と「人災」は関連があるかもしれません。

なぜなら、災害のあった地域に住んでいても、災害のあった日に、たまたま出張で遠くにいて難を逃れたりすることがあります。

もしかして、人々は無意識に、難を逃れる方法を気づけるのかもしれません！

すべて人生は、「塞翁が馬」の諺のように、「何が悪いこと」で「何が良いこと」かは、しばらく経って結果を見ないとわからないのです。

例えば、受験を失敗して、希望通りの大学に行けないで嘆いていても、何年か後に入学した大学の素晴らしい後輩と「縁」ができて結婚したとします。希望の大学に入学していたら、その素晴らしい「結婚」の「縁」はなかったのです。

どうも、人生はすべて、チリ一つも無駄はなく、一つ一つに意味があるようなのです！

たとえ、思うようにいかない「結果」でも、「良い」「悪い」の判断はしないほうが良いかもしれません！

何年かあとに、その「結果」の「意味」が理解できるのですから。

つまり、一つの結果に「一喜一憂」しないで、「淡々」と受け入れる覚悟も必要かと、早織は思うのです。

もしかしたら、その悲しい残念な「出来事」を経験したからこそ、苦難を乗り越えて「真実の愛」や「真の幸せ」を手に入れることができるかもしれないのですから！

三木先生は、同じことを繰り返している原因に気づいたら、「役割を終わって繰り返さない」という「世紀の大発見」として「１２３の原理」の存在を発表しました。

同じような出来事が３回起こったら、確実に「メッセージ」だと気づいた三木先生は、歴史的な大きい事件、事故、戦争などの起きた年月日を研究して、なぜ起きたのかの「原因」をいつも「探究」していました。

早織が、『「光の国」からのメッセージ』を書いたのも、２０１１年３月11日（４５９）に起きた東日本大震災から「１２３の原理」に「気づいた」からでした。

東日本大震災の起きた午後２時46分の時間を聞いた時の「衝撃」は今でも「腰がぬける」ほどびっくりで、「これは単なる偶然ではない！」と、「気づいた」のです。

つまり「１２３の原理」から言いますと、早織にとりましては、「２時46分」「２４６」という数は３度目の「スリー」だったのです。

１、ワンは個人的なこと（早織の主人の光エネルギーが２４６だったこと）。

2、ツーは、人間が作った「原子力発電所の事故」で、世界中の人が目の当たりにした「大事故」はソ連で起きました。「チェルノブイリ事故」の起きた日が、1986年4月26日（639）。

3、スリーは、2011年3月11日の午後2時46分は、早織にとりましては、246（426）の123スリー目だったのです。

自分の主人が「246」の光エネルギーということ。

246＝426　同じ数は並びが違っても「同じエネルギー」です。

早織にとりましては、東日本大震災こそ「246」のスリー目でした。

社会的には、1（ワン）・チェルノブイリ4月26日、2（ツー）・福島原発事故午後2時46分を指します。この「426」（246）の意味に人類が気づかないと、人間が作った原子力発電所の大事故の「スリー目」がまた起きると察知した早織は、できるだけ多くの方に「426」（246）の意味を伝えようと、『「光の国」からのメッセージ』を急いで書き上げました。

「426」（246）の意味に気づいたら、スリー目の大事故は防げるのではと推測したのです。

三木野吉先生は、一人一人の「光エネルギー」を「生年月日」を計算することで、具体的に出す方法を『潜在能力点火法』で発表し、そのエネルギーの数の持つ意味も「光の表」（巻末P46）で示しました。

「光の表」（巻末P46）によりますと、

「4」＝単純

「2」＝明快

「6」＝矛盾なし

「426＝246」＝「単純・明快・矛盾なし」＝光の基準

「光の基準」を数に変えると「426」＝「246」となり、その意味は

「**単純・明快・矛盾なし**」。

世の中の事故や事件・争いごとは、この3つの基準に照らし合わせたら、かなりシンプルに整理され、答えは常に「単純・明快」かどうかをチェックします。

この二つを満たしたら「矛盾なし」となり、「結果」が出ます！

常に426「単純・明快・矛盾なし」を基準に考えたら「結果」が出ます。

複雑なこと、暗いことを単純に戻し、明るく解釈するだけで、「矛盾なし」となり、明快な「結果」が出ます。

チェルノブイリの4月26日と、東日本大震災の午後2時46分の数の一致の重大性に気づいた早織は、人々に早く「426・246＝単純・明快・矛盾なし」の「光の基準」の存在を知らせなくては、人間の作った原子力発電所の大事故のスリー目が起きてしまうかもしれないと推理したのです。起きても起きなくても、たった一人「気づいた」ことでも、「転ばぬ先の杖」としてスタンバイして用心する必要性を確信したのです。

☒「三木先生の発見」

・123（ワンツースリー）の法則がある。

・「原因」に気づいたら、役目を終わってその困ったことは、雲散霧消のごとく消えて、同じことは二度と起きない。

・「426」（246）は、「光の基準」単純・明快・矛盾なし。

第五章

「中道」＝真ん中の道（かたよらない道）

「中道」＝「単純・明快・矛盾なし」＝426

どちらから見ても、「単純・明快・矛盾なし」の基準を守ると「中道」になります。右にも左にも偏らない真ん中の道を、「中道」と言います。

初めはよくわからないので、いつも「426」を意識してみますと、どちらから見ても「単純・明快・矛盾なし」をチェックしてみる作業は、簡単に見えて、結構大変な作業です。自分から見て、「単純・明快」と思っても、相手から見ると、「複雑で明快でない」と思えることが多々あるからです。

「A」から見ても「B」から見ても、関係ない「C」から見ても、「単純・明快・矛盾なし」かは、結構大変な基準とわかります。

なぜなら、人はどなたでも「自分は正しい」という「信念」を持って生きているからです。

人間関係の争いは、「自分は正しい」という「正義感」や「信念」が原因のことが多々あります。生前に三木先生は、「皆様の基準は、『自分は正しい！』という基準かと思いますが、僕の基準は、どちらから見ても、『A』から見ても『B』から見ても、『C』から見ても単純・明快・矛盾なしかどうかで、答えは真ん中にあります」といつも話されていたのを思い出します。

２４６＝４２６を色で考えてみると、２＝赤色　４＝黄色　６＝青色。「赤・黄・青」３つの色で構成されている物＝信号。

三木先生が、初めて早織が住んでいる松永町の公民館で講演してくださった時、「心の世界の信号も『赤・黄・青』でした。この光の基準４２６＝『単純・明快・矛盾なし』を知らないで、生きている人は、まるで道路にある『信号』なしで生きているのと同じです。４２６＝光の基準＝光の信号を知らないで運転すると、事故が起きますね。心の世界の基準は、『４２６単純・明快・矛盾なし』です」と話されて「４２６」の重大な意味を話されました。

チェルノブイリ4月26日と、福島原発事故午後2時46分の重大なメッセージに衝撃を受けました。

心の信号＝２４６（４２６）＝赤色・黄色・青色を守ることで、人と人の人間関係のトラブル（事故）はなくなります。

自分から見て正しいと思えることも、相手から見たら間違っていると思った時、人と人の、争いが起きます。当事者「A」から見ても、相手方「B」から見ても、そして善意の第3者「C」から見ても、「矛盾なし」という答えを出すのは、かなり難しいかと思いますが、自分の光エネルギーと、相手の光エネルギーの違いを理解した時、原因が「エネルギーの違い」にあると理解した時、お互いの「思いの違い」がわかり、「仕方ない」と許しあえる関係となります。光のエネルギーを知ると、人と自分の「感じ方・考え方の違い」が理解できますので、許すことができます。

人によって光のエネルギーが違うから、仕方ないのです。いくら喧嘩しても、「色」が違うので、エンドレスになるのです。

では、「同じ光エネルギーでは、争いが起きないか？」と言いますと、曇っているか光っているかで、解決が遅くなったり、早くなったりします。つまり、いつも「単純・明快・矛盾なし」に、気をつけながら、自分の光を光らせることが最重要となるのです。

☒「三木先生の発見」

・人間関係の争いをなくす方法＝「単純・明快・矛盾なし」＝心の信号＝赤・黄・青＝２４６。

・答えは、「Ａ」と「Ｂ」と「Ｃ」から見ても矛盾なし＝真ん中にある。

・心を光らせる方法がある＝点火法＆調和法（第七章）。

第六章

「循環」（ブーメラン）

「循環」は「中道」に続いて、大変重要ですから詳しく説明します。

「循環」＝３５７＝七五三

３＝繰り返す。

５＝どこを取っても「初め」であり「終わり」である。

７＝「初め」もなければ「終わり」もない（永遠）。

循環をわかりやすく言いますと、良いことも悪いことも、すべて自分に返ってくる＝ブーメラン。

最近、国会議員によく見られました。人様の矛盾を厳しく追及していた議員が、自分がした不倫が週刊誌で伝えられて「ブーメラン現象」として「批判」されました。

この「循環」は、大変「深い意味」があります。

自分がした良い行いも、失敗も自分に必ず、返ってくる！
「循環」＝失敗の原因がわからなかったら、相手を違えて同じことが何度も繰り返されて、１２３で気づかないと、３スリー目は、「ドカーン」と「自分の矛盾」を気づかせることが起きて、その循環は一番大事な時に「ブーメラン」のように返ってきます。

ただし、自分のした行為でも「良いこと」、「人様を助けること」、「真面目に暮らすこと」、「人知れず努力すること」なども、「結果」として、素晴らしいことが循環してきます。

早織が「心⇅光」を知ってもらうために34年間もお伝えしてきたのは、こんな素晴らしい「発見」を自分だけ知っていては、自己中心的だと気づいたからです。「多くの人」にお伝えする努力を34年間もしてきたのは、「循環の理法」を知ったからです。そして、「すべては自分に返ってくるので、心⇅光をお伝えしよう！」と決心しました。

未熟が原因で、たくさんの失敗もありますが、努力した結果、どんな困難なことも自力で「乗り越える」力がついてきました。

努力の結果、「来年の今日、家族がニコニコ」は実現しています。すべて、「循環」を三木先生から教わったことから起きています。思わぬ苦しい体験も、明快な受け取り方ができるようになりました。

ただし、「気づかないでした失敗」もきっちり返って来て、痛い目にあって「修正」することも数多くありました。今でも「反省」の毎日ですから、まだまだ「気づかないこと」が多いと感じています。

常に「中道」、どちらから見ても、「単純・明快・矛盾なし」をチェックしながら暮らして「人様を活かす努力」をすることで、「結果」として、「何倍」にもなって自分に返ってきます。

日本の諺で、「お天道様はお見通し」と言いますが、必ず自分に良いことも返ってきます。「循環」の凄さを知った時から、どなたも「良いこと」を行えば、その良い行為は、何倍にもなって自分に返ってくることを経験します。

ただし、早織も何度も失敗してきましたが、自分が良いことと思っても、他の人にとりましては、そうでないことがありますから、「気づかない」でする行為でも必ず「循環」が起きますので、「気づかない」を「気づく」に変える努力が大切です。

あまり「気づかない」と「気づかせる」ために、ショックなことが起きた時は、その「原因」を考えて「正解」を出したら、もう役目が終わるので、「悪循環」はなくなります。

☒「三木先生の発見」

・循環＝すべては自分に返ってくる＝ブーメラン。

・循環＝七五三＝3繰り返す・5どこを取っても初めであり終わり・7初めも終わりもない。

・悪いことが繰り返す時は「原因」に「気づく」と「悪循環」は起きない。

・良い行いも何倍にもなって、返ってくる。

第七章

「点火法」&「調和法」

巻末の「4色の人」にありますように、この本の原典は、『潜在能力点火法』です。『潜在能力点火法』は、文字通り、人の持っている潜在的な能力に「点火＝火を点ける方法」という意味です。教育ママだった早織は、題に惹かれて手にとりました（以下点火法とします）。

「心の灯に火をつけよう！」という言葉がありますが、「点火法」は、正に心のろうそくに火をつける方法です。

「**打京・推背**」という方法で、自分の「前の戸」と、「後ろの戸」を開けます。

心の戸を開けたら、巻末のP54〜61にありますように「調和法」という深呼吸を10分間して、瞼の裏に、ボーッと、ガス状の色が見えたら、その色が自分の光の色になります。

見えやすい人と見えにくい人がいますから、見えても見えなくてもいいので、毎朝行します。

「調和法」（10分間寝床の中で、瞼の裏に自分の光を見ながら深呼吸をすること）を実行します。

「調和法」を始める時、一番大切なことがあります。それは、「来年の今日、自分と自分の家族がニコニコ団欒している姿」を思って実行することです。

姿勢は、朝生まれたままの姿、つまり、寝たままで「調和法」を10分間することで、「自分の光」が光ってきます。この方法で、過去は変えられないけど、未来は明るく変えられます！

過去に起きた失敗や、苦労は時には、「トラウマ」や「うらみ」として、ずーっと心の傷として永く「記憶」に残ることがあり、その過去の出来事を思い出すたびに、再度同じ苦しみを体験してしまいます。「調和法」は、過去ではなく「未来志向」です。

過去の出来事で、「学習」したら、同じことを繰り返さないためにも、「未来がニコニコ」する方法があることをお伝えするために、本書を書いたのです。

恥ずかしながら、早織自身、どれだけ多くの失敗をしてきたかを思い出すと、本当に赤面します。ただし、あまりにも過去にこだわり過ぎると、心が暗くなりますから、「明るい未来」が想像できなくなりますので、「失敗は成功のもと」と受け取り、「自分の成長につながった」「これで良かった」と思うことが大事です。

早織が「調和法」を37年間も続けたのも、「自分の矛盾」に「気づいた」ので、少しでも「矛盾あり」を「矛盾なし」にするためにです。そのくらい、ほとんどの人が「自分は正しい」と思って生きているので、どちらから見ても、「単純・明快・矛盾なし」の「基準」に照らし合わせる努力が大事です。

最初の頃は「調和法」の効果をよく理解できなかった早織でしたが、とりあえず実行したら、「来年の今日どうなるか？」を知りたくなり、実験感覚で実行しました。そしてあっという間に37年間も継続していました。

時々、忘れることもありますが、ほぼ毎朝実行しました。もちろん、生きている限り、さまざまな苦労や失敗もたくさん経験しましたが、「災い転じて福となす」ことをたくさん経験した「結果」、性格不一致だった夫婦も、予想以上に楽しいニコニコが実現しています。「心の壁」も段々なくなり、意見の相違は、いまだにありますが、良く会話する夫婦になっています。

２４６と６６３という、全く個性も考え方も違う夫婦も、お互いの個性を認めて、あまり相手の中に入らないように、個人の自由を尊重するようになっています。

「終わり良ければすべて良し」と言いますが、人生の途中でどんな辛いことがあっても、「来年の今日ニコニコの調和法」を朝10分間続けます。

どんな辛いことや苦しいことも、時間と共に乗り越えて、「経験」による「成長」という成果をあげて、次のステップが始まります。

三木先生は、生前「せっかく、光の世界に触れた方も、途中で止めてしまう方がいて、残念です。『調和法』は、20年・30年と継続したら、した方としなかった方では、相当結果が違ってきます」と途中で止めてしまうことを大層残念がっていました。

早織は、調和法を始めて今年で37年目です。もちろん、生きていく中でさまざまな辛苦もたくさん経験しましたが、どの経験もすべて意味があり、自分の使命を全うするために起きたことが、今では理解できます。

まだまだ未熟ですが、これからも「調和法」を継続して「精進」しようと考えています。

人は、どんな人にも、「災い転じて福となす力」が備わっています。

「物は試し」という言葉がありますが、「潜在的」に隠された能力に、具体的に「点火」

する方法が「点火法」です。

「点火法」によって火が点いた「心のろうそく」を消さないようにする朝の「調和法」を10分間毎朝続けてみてください。30年後に、「来年の今日ニコニコ」が自然に実現していることを発見するはずです。「楽しんで実行する」ことが「コツ」です。

原子・分子・素粒子は、ミクロの世界ですから、肉眼では見えませんが、カメラやビデオなど無機質な物に光が写ることがあります。

目には見えませんが、自分の光が自分から出ていく様子が写ります。

結婚式など、喜びや、嬉しい時に良く写ります。

「心⇅光」の証拠写真として大事にファイルしていますが、ファイルも3冊目となり、最近は、良く撮れます。自分から出た光の球が、自分や家族を守っているようで、大事な宝物になっています。

青の光の早織の写真には、不思議なことに、水色の光の球が良く写っています。

これこそ、心が光でできていて、どんどん自分から外に出て行って家族や、身近な人を守っていることがよくわかります。

早織は、それを「光のシャボン玉」と言っています。

家の中は、早織から出た光のシャボン玉が充満していて、家族を暖かく守っている証拠写真がたくさん撮れています。その一部を巻末P67で紹介しています。家族の中で、調和法をしているのは、早織一人だけです。

この経験から、家族で代表して一人だけ「調和法」をするだけで充分かとも思います。

どんな良いと思えることでも、押し付けると光でなくなりますので、「楽しかったら光ですよ！」と三木先生はいつも話していました。

☒「三木先生の発見」

・点火法……心の灯に、火を点ける方法。
・調和法……心に点いた灯を、消さない方法。
・心の光は、自分からどんどん出て行き、人々を暖かく包む。
・光は、お互いにあげたり、もらったりしている。
・心が光ると自分も家族も調和して「ニコニコ」が始まる。

☆「点火法」＆「調和法」は、直接お伝えするのが、一番わかりやすくて、簡単です。
「個人レッスン」も開催しています。
お問い合わせは、杉原早織のホームページ（「ALM（あるむ）企画」と検索してください）から
お願いします。

第八章

光エネルギーの流れ＆「黒色」の作用

光エネルギーの流れは、5緑↓4黄↓2赤↓6青↓5緑↓と流れます。

（ある家族の場合）

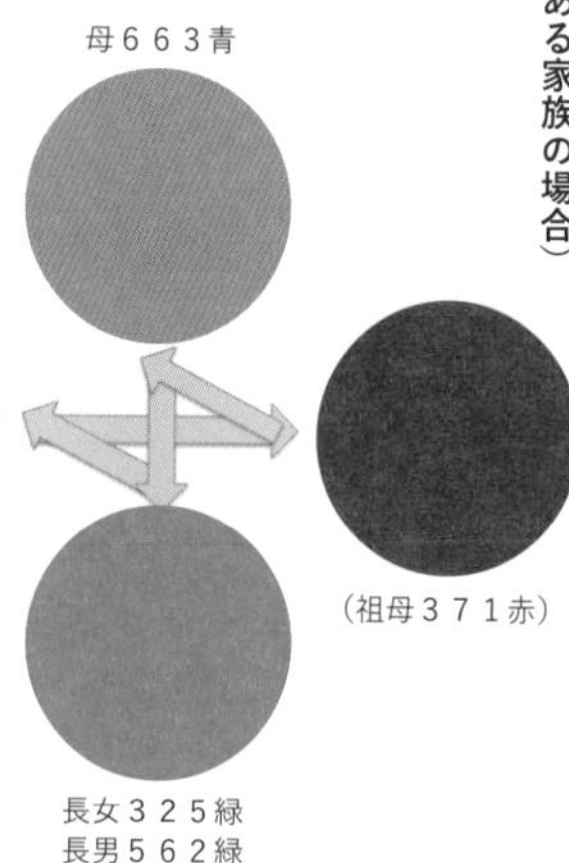

この家族の、エネルギーの流れは、4黄の父・次女↓（2赤の祖母）↓6青の母↓5緑の長女・長男↓4黄の父・次女↓……と流れます。

祖母は父の母で、同居はしていませんが、時々家に来て、片づけや子守など、手伝いをしてくれます。

つまり、この家は、4色の中で赤の人が家族にいませんが、赤色の祖母が、訪ねて来た時は、4色揃います。

三木先生は生前、「家族が、4色揃うと、エネルギーの流れがスムーズで、なんとなく穏やかな家族となります」と話されていました。

この家族では、青色の母から、緑の長女・長男にエネルギーがストレートで流れます。光は上下の関係はないのですが、エネルギーの流れはありますから、上流の青の母は、緑の子供が目の前にいるだけで、「何か話したくてたまらなく」なります。「勉強しなさい！」「宿題した？」とかまるで「滝の流れ」のごとく、語りかけたくてたまりません！　逆に「下流」の「緑の人」たちは、青からのストレートなエネルギーをきつく感じて、何も言われないうちに、食事が終わったらすぐ「自室」に逃げていきます。

それほどエネルギーは、上流の青から下流の緑に流れますから、緑の人は、むやみに「青の人」に逆らわないほうが無難です。「青の人」は「緑の人」にとっては言葉がきつく感じて反発したくなりますが、ひとまず「青」のエネルギーを「はい、はい」と聞いてあげると、結果として緑の言い分も聞いてもらえます。これは職場でも応用できますので、光エネルギーの流れを理解したら、上流の光エネルギーを流してあげてましょう。

早織も上流の「赤の人」に意見を言っても、「無理」と理解できるまでに何回も失敗しましたので、自分の言い分は置いて、「赤の人」の話をまずは、聞かせてもらうという姿勢が大切と悟りました。

いつも「赤の人」に反発して失敗していましたので、身をもって体験しました。

つまり、「緑の人」は「黄の人」に流れて、「黄の人」は「赤の人」に流れますので、この光エネルギーの流れを理解すると、むやみに「逆流」しないように気をつけたらいいので、「ストレス」も半減します。

まずは、「家族」のエネルギーの流れを、しっかり理解してみてくださいね。とても楽になりますよ！

第九章「家族の処方箋」に書きますが、一つとして同じ家族構成がないのが、唯一無二の「家族」となります。家族の在り方も実にさまざまで、黄色ばかりの家族や、二色ない家族や、本当にびっくりするくらい各家族の構成は違いますから、他の家族はあまり参考にはなりません。

よく、「隣の芝生は、青い」と言って、隣の家族と比べて、よその家が、調和して素晴らしいように見えてうらやましい心が出ますが、決して比べないことが大事です。なぜなら、どんなに幸福そうに見える家でも、その家にはその家にぴったりの苦労が与えられていますので、決して比べないほうが良いのです。

同じように、光エネルギーが理解できると、自分と他者の違いが理解できますから、むやみに比べて落ち込む必要はないことが理解できます。

大事なのは、自分のことを欠点も含めて完全に信じ、信頼して、あとは曇っていると気づいたら、光らせればいいだけなのです。

本書は、自分と他の人のエネルギーの違いを把握して、むやみに自己否定しないで、どんなことも「乗り越えられる力」をつけて頂くことを目的に書いています。

早織の34年間の経験から、まずは、「自分光の色」をよく理解して、心から大切にして、大好きになることが大事です。

なぜなら、自分を大切にできない人は、他人も大事にできないからです。

自己中心的にもなりませんん、自分と自分以外の人も、同じように大切にできるようになりますから！

その一番手っ取り早い方法が、「自分の光の色」を「大好き」になることなんです。

とても簡単な方法ですが、多くの方にお伝えしていくうちに、案外「自分の光の色」を嫌いな方がいて、驚いています。

無理に好きになれない方も多く、赤色や黄色の方は、「派手」だから洋服にはとても着られないと、人の目をかなり意識している方が多いようです。

一度、ホームウェアや、パジャマでもいいので、「赤の人」は、赤色に上下包まれて身に付けてみてください。とても楽しい気分で、おやすみになれますよ！（笑）

人前で派手な色が着られない人は、まずは、ホームウェアでお試しくださいませ。

「自分の光の色」を大好きになることは、「自分自身」を大好きになることにつながります。

エネルギーの流れがわからないと、人間関係のトラブルの原因がわかりません！家庭内の流れも、年令でなく、エネルギーの流れがあることを知れば、困った問題もどこでエネルギーが逆流しているかが理解できて、解決の糸口となります。

三木先生の8冊の本のエキスとなります「光文」という短い文章に、光エネルギーの流れの意味が書いてありますので、引用させて頂きます。

「**光文**」

我、今光を悟り、光の世界に入る事を得たり。

広大なる光の大宇宙体は、物質宇宙体の根源にして、統べての諸現象相互の作用に依り、統べて循環の理法に従う。

光の大宇宙体にコントロール・センターあり。センターは、あらゆる諸現象を管理し、万生万物をして調和の姿を示さん。

物質宇宙体は光の大宇宙体の当体にして、縦即ち収縮の光エネルギーと、横即ち膨張の光エネルギーのかたまりなり。物質と光とは不二一体なる事を悟るべし。

このコントロール・センターを人類は古来より神と名付く。又、各々の民族の言葉により、これを表現す。その故に諸々の宗教は言葉を中心として発生す。今こそ、この各民族の言葉による固定観念を捨てゝ、統べて〝光〟の世界に統一せらるべき時至れり。

人体にたとうれば、物質宇宙体は肉体にして、光の大宇宙体は、意識なり。さすればその中心なる心はコントロール・センターなり。

物質界に於ける太陽系は、大宇宙体の小さな諸機関の一つに過ぎず。地球は小さな細胞体なる事を知るべし。かくの如く万物すべて光の生命体なることを知るべし。

地球は緑したたる天体にして、自転、公転によって常に循環し、故に、すべての物質、生物は地、水、大気の三圏を循環し、調和完成の修行の場となるものなり。

肉体は物質界に所属するものにして、その世界は不平等の世界なり。あらゆる部門に階層を生じ、階層の流転が循環の原動力となる。光の世界は完全平等の世界なり。心はこの世界に所属するものなり。上下の階層は元来なきものにして、ただ方向のみあり。光のエネルギーは本来この方向のみに流れるものにして、その方向を誤りたる時起こる現象を不調和と人は呼ぶ。

時間は元来単独に存在せず、空間と一体となりて過去、現在、未来に展開す。

過去とは己が修行せし物質界と、光の世界のことなり。

現在とは、過去の物質エネルギーと、未来の光エネルギーの不二一体に合体せる今という瞬間なり。故に人類は永遠に現在のみに生くるものなり。

未来は光の根源にして、光の水源池存在す。その水源池に、緑、黄、赤、青四つの取り口あり。光を行う者、この取り口を誤る事なかれ、この水源池を汚すことなかれ。

現在世界に生きる我等は、過去世に於いて、光の理法により、己が望み、両親より与えられし肉体という舟に乗り、人生航路の海原へ生まれいでたること悟るべし。

肉体を裏づけるものは、光の意識なり。光の意識の中心は心なり。

心は表面、潜在二意識よりなり、潜在意識は仔牛の足のうらの構造を有する光の導通管を通じて水源池に直結す。

三巴、二巴の原理により一体となりたる光のエネルギーは光球となり、常に水源地より与えられるものなり。

然るに人類はこの事実に気づかず、己の肉体の欲する侭に行為し、自己中心、自我、我欲に明け暮れて、調和達成の使命を忘れ去りたるものなり。

その原因をまよいと言う。まよいは視覚、聴覚、臭覚、味覚、触覚及び表面意識のあり方に起因す。

その原因の排除には、常に己の光を意識し、単純、明快、矛盾なしを基準として、あらゆる事象を点検すべし。この心の行為を反省という、反省は緑の光の役割なり。エネルギー浄化の唯一の方法なり。

己自身は孤独にあらず。水源池より送らるる光球により常に守られ、導かれ調和され光の縁を無限に発展せしめられる事を悟るべし。

明るい家庭の営みは、肉体先祖に対する最大の報恩、最高の供養なる事を知れ。

常に、勇気と、智恵と、努力により、これ等の達成に励むべし。

あらゆる諸現象に対し、常に

単純、明快、矛盾なく見。

単純、明快、矛盾なく思い。

単純、明快、矛盾なく語り。

単純、明快、矛盾なく仕事し。

単純、明快、矛盾なく生活し。

単純、明快、矛盾なく念じ。
単純、明快、矛盾なしを基準として反省し
光の家庭をつくるべし。これを正しき精進という。
斯くの如き光の生活の中にこそ、光の世界より、光のエネルギーはそそがれ〝光〟の境地を達成するものなり、この時に己の心は常に光で満たされ不動のものとならん。
これを三昧という。

昭和五十九年七月七日　　　　　渡辺泰男αω

この諸説は、宇宙の真理と、人間の心を〝光〟によって説きたるものなることを知り、末法万年の真理として、日々の生活の道しるべとすべし。

（※渡辺泰男＝三木野吉先生の本名です）

この「光文」に、「光の世界は完全平等の世界なり。心はこの世界に所属するものなり。上下の階層は元来なきものにして、ただ方向のみあり。光のエネルギーは本来この方向のみに流れるものにして、その方向を誤りたる時起こる現象を不調和と人は呼ぶ」とあります。エネルギーは、緑→黄→赤→青→緑→黄→赤→青……数で表しますと5→4→2→6→5→4→2→6……の方向に流れます。

エネルギーの方向は、年令や性別・上下の階層などとは無関係に流れます。例えば、母親が緑の光で、子供が青の光の場合でも、青から緑に流れます。この流れを知らないと、緑の母親が声を大にして青の子供に命令しても、流れが逆流ですからかえって反発を招き、結果的に緑の母と青の息子の間が「不調和」となってしまいます。

そして、二人の間に「心の壁」ができて、青の子供は話を聞いてくれない緑の母に対して「何を話しても無駄」と思い、「無視」が始まります。

この親子の場合、緑の母は、光の流れに従って常に青の息子の話を聞いてエネルギーを受けて流してあげるように気をつけたら、青の息子も安心して普通に話し、緑の母が話を聞いてくれることに満足して、両者の関係は自然に「調和」します。

早織は青の光ですが、幼い頃赤の光の母親に「話を聞いてもらいたい!」と常に思っていました。しかし、青の光は赤の光から流れますので、赤の母の言葉はストレートに入ってきますが、青の光から赤の光は方向が逆なので、話を聞いてほしいけど、なかなか赤の光に聞いてもらえません。ですので、いつも欲求不満で、反抗期もかなりひどかった記憶があります。

幼い頃は、エネルギーの流れがあることなど、知るよしもありません。今から思えば、自分の思いを伝えたくても伝えられない「もやもや」があったことが理解できます。

色のエネルギーの流れを知るのと、知らないでは天と地の違いがありますが、知っていても、「青の人」の早織は、どうも「赤の人」からのエネルギーの入りがストレートできつく感じてしまい、トラブルの相手は「赤の人」が多いようです。

「赤の人」から見たら「青の人」は、「黙って私の言うことを聞きなさい」という流れなので、ついつい、命令したり、仕切ってしまうようです。

職場の「上司・部下」の関係も、このエネルギーの流れを活用すると良いと思います。トラブルや揉めごとがあっても、「エネルギーの流れのせいだから仕方ない」と考えれば、いちいち腹が立つこともなくなります。流れに従うように努力すると、職場の雰囲気もかなり変わって和やかになること請け合いです。

「赤の人」は「黄の人」には、逆らわないようにするのが、ストレスを溜めない「生活の知恵」となります。ただし、逆らわないと言いましても、我慢していたらいくらでも流れができますから、少し距離を置くとか、離れるとかして「自分」を、「ストレス」から「解放」してあげる「知恵」も必要ですよ！

・「黒」の作用

『潜在能力点火法』は、生年月日を、計算して、「自分の光の色」を知る、という「占い」に似ているので、三木先生の出版会社には、「身の上相談」で訪れる方がありました。

三木先生は、講演で、3カ月で、日本一周する生活でしたが、唯一、毎週水曜日には、（株）ノアの事務所で、希望者に面会していました。

三木先生は、もともと「物理学者」でしたので、ある日、不思議なことに気づきました。

お悩みを持って「ご相談」に来られる方々が、たいてい「黒色」か「紫色」の洋服を身に付けていたのです。「心＝色」の本を書き、「色」に関して気にしていましたので、「お悩みのある方がなぜ、『黒色』か『紫色』をご着用になるのか？」と考えましたが、繰り返し、繰り返し着て来られるので、ある日「黒色の作用」に気づいたんです。

そして、「黒色」の洋服を身に付けている方が、来られたら「黒の実験」をして見せました。

「黒の実験」とは、まず「白い紙の上に黒色の朱肉の蓋を置き、99数えるまで、この黒色の蓋を瞬きしないで見てください」とお願いします。

そして99数えたら、その「黒色の蓋」を「白い紙」の上から取りました。

その時に三木先生は言いました。

「『白い紙』に何か見えましたか？」と尋ねると、相談者は「黒色の蓋が置いてあったところが白く光って見えます」と答えました。すると三木先生は、「今、あなた様が見たのは『光の塊』ですよ。黒色は素晴らしい光を封じていたので、黒色の蓋をとった途端に光の塊が見えたのです。つまり、黒色は光を遮る性質があるのです。あなた様はお悩みがあるから『黒色』を身に付けたくなるのではなくて、『黒色』を身に付けるから『お悩み』が『発生』するのですよ！　なぜなら、『黒色』は『光』をブロックしてしまうので、せっかく素晴らしい『光エネルギー』が送られてきても、『黒色』が『壁』となり自分に入ってこなくなります」

生前、三木先生は、「『黒色』を流行らせたフランスのデザイナーは、責任があります」と嘆いていました。もちろん、人は何色を身に付けても自由ですが、せっかく送られてくる光を遮られてしまいます。

「黒の作用」を知った皆様もどうか「黒色」は身に付けないように気をつけましょう！

☒「三木先生の発見」

・光エネルギーは流れる方向がある。
・この流れに逆らうと、不調和が起きる。
・「光文」を読むと、「光エネルギー」のことがよく理解できる。
・「黒色」は、光をブロックする＝お悩み発生の原因。

第九章

家族の処方箋

「家族の処方箋」の作成は、まずは、家族の一人一人の、光エネルギーを計算して作成します。

第八章でも書きましたが、世界中、一つとして同じ家族構成はありません。自分の家族は「唯一無二」です。「家族の処方箋」を作成する前に、巻末P47を参考にしながら「自分の6人分の光」を計算しましょう。

「家族」の前に「自分の調和」が一番大切です。そして調和法を継続していくと、自分の心が光ってきて、自分の光がドンドン出ていきます。そして、一緒に暮らす家族を自分の光でドンドン光らせていくと、家族が自然に調和していることに気づきます。「家族の処方箋」を作成してみますと、今までうまくいかない原因がどこにあるか理解できます。

光にも信号が存在していますので、信号を無視して、車を運転していると事故が起きるように、光の流れを知る必要があります。例として、ある家族の処方箋を作成してみます。

ある家族例①

☆星印 167(617) 224　483(843)
（星印のある人からその家に光が入っていきます）

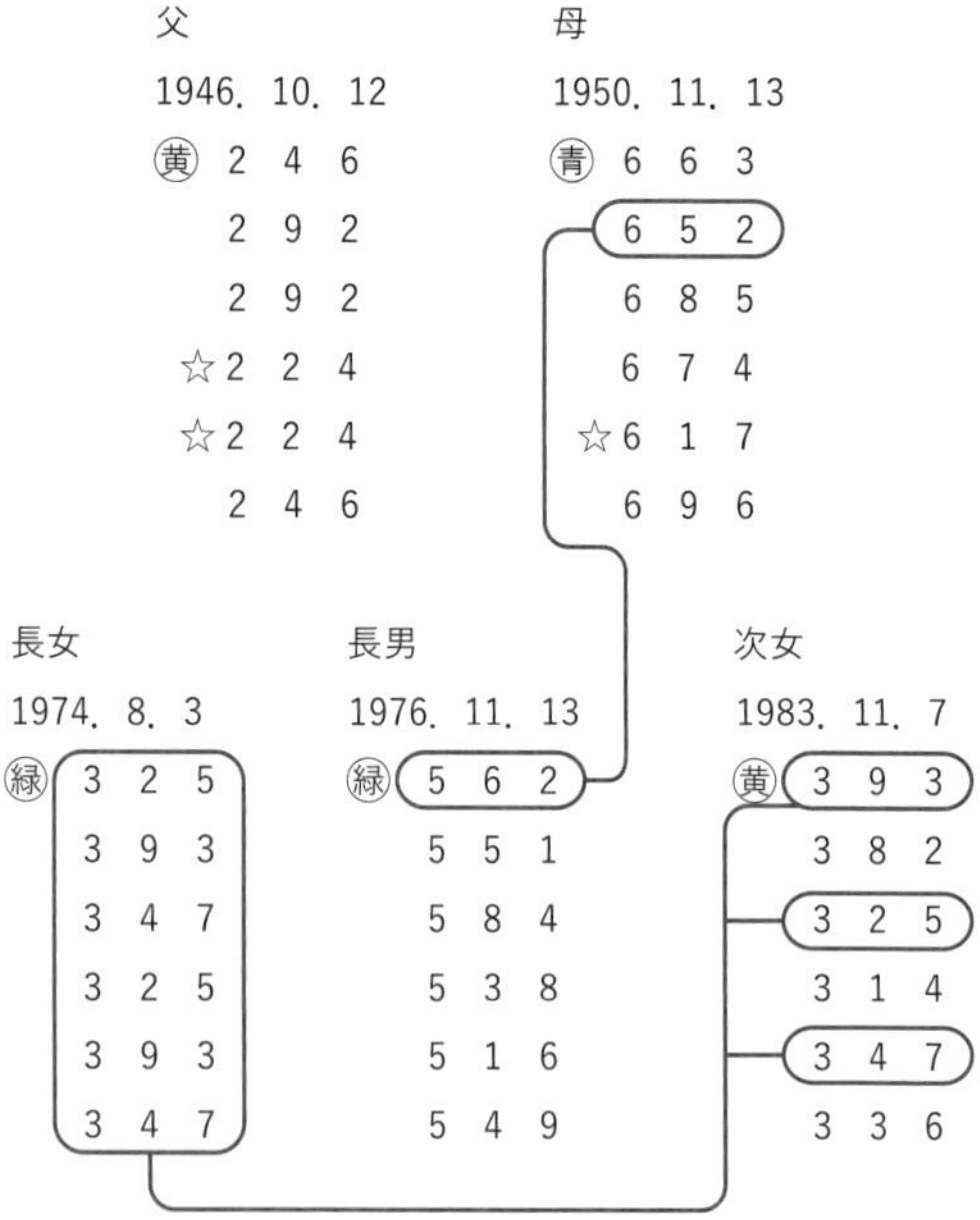

父	母
1946. 10. 12	1950. 11. 13
㊦黄 2 4 6	青 6 6 3
2 9 2	6 5 2
2 9 2	6 8 5
☆2 2 4	6 7 4
☆2 2 4	☆6 1 7
2 4 6	6 9 6

長女	長男	次女
1974. 8. 3	1976. 11. 13	1983. 11. 7
緑 3 2 5	緑 5 6 2	黄 3 9 3
3 9 3	5 5 1	3 8 2
3 4 7	5 8 4	3 2 5
3 2 5	5 3 8	3 1 4
3 9 3	5 1 6	3 4 7
3 4 7	5 4 9	3 3 6

ある家族例①の場合

この家には、赤の光の方がいませんので、親族や職場など周りに赤の人がいたら、協力してもらえます。

赤い糸で、結ばれている人を見てみましょう。

母 652 ＝長男 562

長女 325・393・347 ＝次女 393・325・347

と長女の 6 人分と、次女の 3 人分が、結ばれています。

この家で一番寂しい人は、

家族の誰とも一本も赤い糸がない父 246 ですね。

ところが、不思議なことに、何年後に結婚した長男の妻とは、父 292 ＝長男の妻 922 でつながっています。

つまり、家族の中に、赤い糸でつながる仲間がいなくても、周りにいる身近な人とつながっていることを発見した時、人と人の「縁」が、絶妙なタイミングで与えられることを発見しますので長男の結婚で、さらに家族の調和が増したと予測されます。

ですから、たとえ赤い糸でつながる人が、家族にいなくても大丈夫なのです。

外からの協力があるのです。

生前、三木先生は、「家族の処方箋」を作成して、同じ光を持つ赤い糸でつながっている人たちが、赤い糸がない人をブロックすることがありますが、そのブロックをなくす方法が「調和法」ですとおっしゃっていました。赤い糸があろうがなかろうが、家族全員が、調和する方法が、「光の調和法」です。背中から入って来た「光球」が「前の戸」から出ていき、その「光球」で家族が守られます（巻末 P67 の光球の写真を参照）。

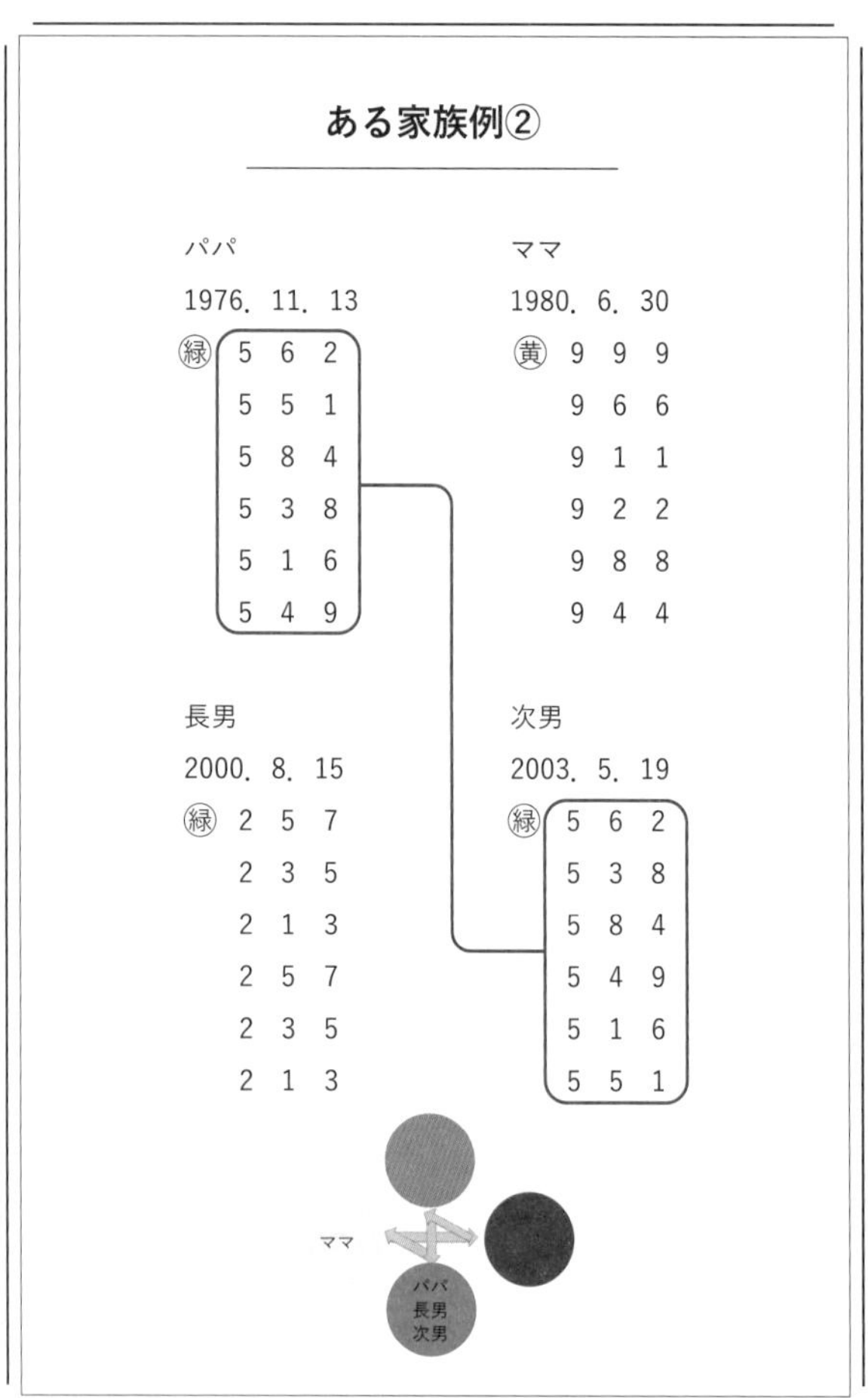
ある家族例②
パパ
1976. 11. 13
緑 5 6 2
5 5 1
5 8 4
5 3 8
5 1 6
5 4 9
ママ
1980. 6. 30
黄 9 9 9
9 6 6
9 1 1
9 2 2
9 8 8
9 4 4
長男
2000. 8. 15
緑 2 5 7
2 3 5
2 1 3
2 5 7
2 3 5
2 1 3
次男
2003. 5. 19
緑 5 6 2
5 3 8
5 8 4
5 4 9
5 1 6
5 5 1
ママ
パパ
長男
次男

ある家族例②の場合

この家族は、パパと次男がなんと 6 人分つながっていますが、夫婦と長男は赤い糸が一本もありません。次男が産まれた時、ママが心配するほどパパは次男が可愛くて可愛くて仕方ないようで、いつも二人がくっついている意味が、家族の処方箋で謎が解けたようでした。

赤い糸のない、ママと長男は家族の近くに、赤い糸の人たちがいました。

パパは自分の母の二人目が 652 ですから、562 = 652 でつながりますし、ママはパパの父と 292 = 922 でつながります。さらに、パパの母とも、696 = 966 で一本ずつつながりがあるので、同じ数が引き寄せて結婚しました。

長男はパパの姉つまり、義理の伯母と 235 = 325 でつながりがあります。

このように、上手く赤い糸のお仲間がいることが光の計算で発見できますから、お互いの「縁」が、楽しくなってきますね！

緑がパパ、長男、次男と 3 人で、黄色のママにエネルギーが流れるので、下流のママは 3：1 で緑の人を支えるポジションです。時々疲れてしまいますから、上手にエネルギーを流してすべてもらわないように、自分も大切にしてあげましょう！　緑の光の 3 人は、黄色の光のママが受け流してくれていることに感謝しましょう！

人と人の「ご縁」は、パズルのようにないものを補うようになってできるものです。光の 6 人分の計算がわかってきたら、「ご縁」があったことに「感謝」できるようになりますから、自然に調和してきますね！

そして、家族の中で「家族の処方箋」に気づいたママが代表して、「調和法」を始めたら、ママの光が光ってきます。すると、家族にママの光が伝染して、自然と家族全体も光ってきて、それぞれの潜在能力が点火してきますから、ぜひお試しください。その時に大事なのは、たとえ思うように結果が出なくても、チリ一つも無駄がないことを考えることです。

決してあきらめないで「調和法」を続けることが大切です！

さまざまな人間関係は、お互いにない能力を補い合うようにできています。

ある家族例③

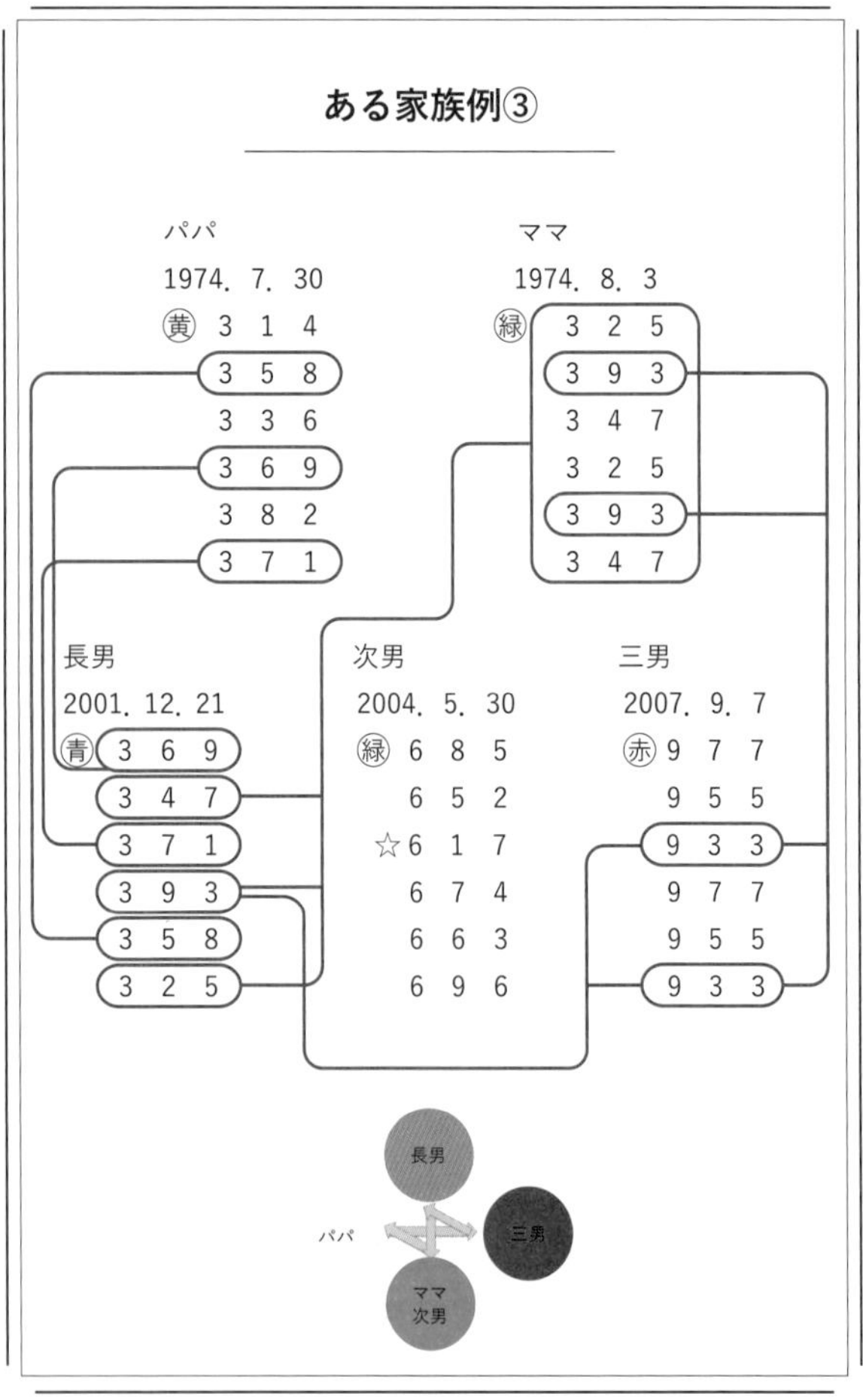
パパ
1974. 7. 30
黄 3 1 4
3 5 8
3 3 6
3 6 9
3 8 2
3 7 1
ママ
1974. 8. 3
緑 3 2 5
3 9 3
3 4 7
3 2 5
3 9 3
3 4 7
長男
2001. 12. 21
青 3 6 9
3 4 7
3 7 1
3 9 3
3 5 8
3 2 5
次男
2004. 5. 30
緑 6 8 5
6 5 2
☆6 1 7
6 7 4
6 6 3
6 9 6
三男
2007. 9. 7
赤 9 7 7
9 5 5
9 3 3
9 7 7
9 5 5
9 3 3
長男
パパ
三男
ママ
次男

ある家族例③の場合

この家族を見ると、次男の赤い糸の人がいませんが、母方の祖母と順番は違っても6人分赤い糸がつながっているので、良き理解者となります。次男には、星印の617があります。617は、創世記、ものの始まりの意味です。

このご家族は、パパ・ママ・長男と3人が、〝3〟で始まる光ですね。

パパと長男は、パパの3人分と長男の3人分と赤い糸でつながり、ママの6人分と長男の3人分が、赤い糸でつながります。3人の絆の強さが理解できますね。光エネルギーの流れは、青369の長男→緑325のママ・685の次男→黄314のパパ→赤977三男→青369長男と流れますので、何か言うことをママが長男に聞いてもらいたくても緑から青には方向が逆になります。光の世界には、親子でなくエネルギーの流れがあるのみなので、いくら親でも、まずは青の長男のお話をよく聞いてあげようという姿勢が大事です。頭ごなしに命令すると、かえって心の壁が厚くなります。

子供は、いつも親の顔色をよくみていますので、親は光の流れを意識して対応すると、「自分を受け入れてくれる親」と認めて、安心して「心が開きます」ので、自分の気持ちを聞いてくれたことで、緑の親の話も聞きます。このように、光エネルギーの流れを親が意識して子育てをすると、親子のコミュニケーションも大変スムーズになりますので、一度お試しください！

子供は、自分を肯定してもらえたら、安心して「やる気」が出てきます。「安心」は、「信頼」につながり、「結果」として親子の「絆」が深まり、「目的」の「結果」が出ます！

光のエネルギーの流れは、とても大切です。

赤い糸が一本もない次男には、いつも「声かけ」してあげてください。赤色の977の三男は、同じ9がある369の長男と仲良しですね。

ある家族例④

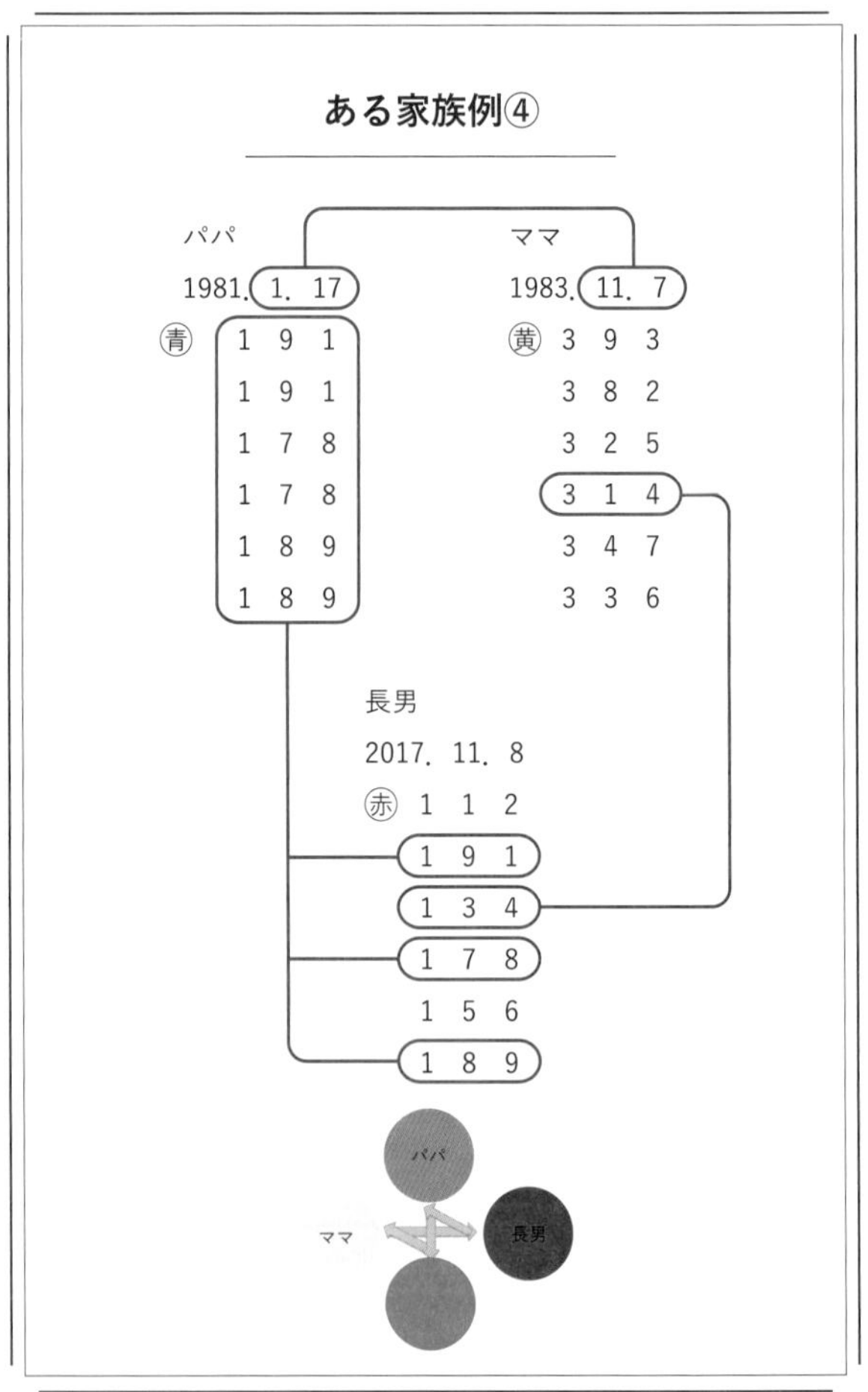

パパ
1981. 1. 17
青 1 9 1
1 9 1
1 7 8
1 7 8
1 8 9
1 8 9
ママ
1983. 11. 7
黄 3 9 3
3 8 2
3 2 5
3 1 4
3 4 7
3 3 6
長男
2017. 11. 8
赤 1 1 2
1 9 1
1 3 4
1 7 8
1 5 6
1 8 9
パパ
ママ
長男

ある家族例④の場合

この家族は、パパとママは誕生日の数が同じでも赤い糸が一本もありませんが、長男が産まれて、3人が見事につながりましたね！　長男に感謝！

光のメッセージは、「形・色・数」に、注目しますので、パパとママのお誕生日の「数」が同じということも大切な「縁」を表します。

11月7日＝1月17日＝7月11日＝10月17日

と、同じエネルギーの日は、自分の誕生日と同じと理解して注目してみてください。

人生の大事なことが起きていることに気づきますよ！　心の光が光ってくると、光の国からプレゼントを貰っていることに気づきます。気づいた時には、「感謝」を忘れないでいますと、光の世界からどんどん、プレゼントが届きます。どんな小さい、ささやかなプレゼントにも「感謝」する習慣をつけると「ラッキーな人生」になること請け合いですよ！　「無駄」と思えることにも、「チリ一つも無駄はナシ！」。夫婦は、一つの光を二人で分け合っています。

例① 246 ＋ 663 ＝ 819　　家族の合計……191
② 562 ＋ 999 ＝ 562……………………382
③ 314 ＋ 325 ＝ 639……………………663
④ 191 ＋ 393 ＝ 494……………………516

家族の一人が調和法すると、夫婦→子供→家族全員に光球（光のシャボン玉）がどんどん入って家族を守ってくれます。光球の証拠写真もたくさん撮れています（巻末P67の光球の写真を参照）。

以上のように、数例ですが、世界中に一つとして同じ「家族」はいません。

唯一無二の「家族」のエネルギーを、「家族の処方箋」を作成することで、今まで同じ家族でも、エネルギーが全然違うことが理解できて、今までなんとなく「違和感」があった関係も理解できるので、自分や家族の性格の違いで、むやみに悩む必要がなくなってきます。

「光の調和法」を継続することで、自然に家の中が和やかな雰囲気となります。

三木先生は、せっかく「光の世界」にご縁があった方が、「光の探究」や「調和法」を途中で止められてしまうことを大変残念がられて、「20～30年と続けると、続けた方としなかった方では、相当違いが出てきますよ！　途中で止めないで、長いスパンで『光の調和法』をぜひ続けてください！」といつもお話されていました。

早織も、何度も挫折するようなことが起きましたが、決して止めないで、20～30年後に、果たして家族が「来年の今日ニコニコ」になっているかをどうしても知りたくて、今年でもう34年目となりました。今現在もいろいろな苦労がありますが、これまでをなんとか乗り越えて、孫は男ばかりの6人となりました。自分だけ良い思いをしてはいけないと、本書を出版する決心をしたのです。

今の日本は、「少子化問題」が大変な「社会問題」として取り上げられていますので、すべての人が、自分と自分の家族を「ニコニコ」にさせる能力があることと、「光エネルギー」の存在をなるべくたくさんの皆様にお伝えすることが本書の目的です。

今一度、ご自身の心に問いかけてみてください！
「心は光でできているのか？」
ご自分の潜在意識は、すべてご存知かと思いますよ！

☒「三木先生の発見」
・「家族の処方箋」と「調和法」で、「来年の今日ニコニコ」は実現する。

第十章

光エネルギーの性質

三木先生が発見した「心が光でできている」を証明できる写真やビデオは、すでにたくさん撮れています（巻末Ｐ67）。

最近、結婚式や家族の集まりなど、嬉しい時には、必ず撮れています。

光のエネルギーは、「後ろの戸」から入り、「前の戸」から出ているようで、「光の調和法」を実行している方が家族にいらっしゃったら良く撮れています。

三木先生の生涯は、ご自分が発見した「心の光」の「実在」を証明することにご自分の全エネルギーを費やしていらしていました。日本全国を3カ月で一周する勢いで周り、老体に鞭打ち努力されていたお姿は、目に焼き付いていて昨日のように思い出します。

早織も三木先生にお会いした時と同じ年齢になりました。今まで聞いたことのないようなことを発見し、それを伝えることは簡単ではなく、相当ご苦労がともなうことだったと今更ながら身を以て感じています。

次に、9色の性質の、簡単な説明を書きましたので、有名な方の光を研究して、皆様ご自身の光の性質を理解する参考にしてください（役職や肩書きは2019年11月現在のもの。歴史上の人物などの生年月日は、三木先生の発表に準ずる）。

☆9のある人……みよ色・「心の光」を知っている器の大きい方々

田中角栄元首相（191）、小泉純一郎元首相（797）、宮澤喜一元首相（292）、デイヴィッド・ロックフェラー（797）、ヒラリー・クリントン（393）、習近平（933）、文在寅（977）、金正恩（494）、ダヴィド・ルネ・ジェームス・ド・ロチルド（797）、ジャスティン・トルドー〈カナダ首相〉（911）、サルマン・ビン・アブドルアジズ〈サウジアラビア国王〉（977）、ビンヤミン・ネタニヤフ〈イスラエル首相〉（549）

9のある方は、政治家に方に多いようです。一桁の数で一番大きい数は9ですから、多勢の人々の中で仕事をされることは「大きい器」を要求されますので、９のある方は政治家に多いようです。

９には９の常識があり、９のない人の常識と違うようですので、９のない人から理解されなくて困ることがあるようです。「大きい器」のため、かえって理解してもらえなくて苦労することがあるようです。一桁で一番大きい数が、９ですから、「光の世界」のことを「９の世界」と言います。

どのエネルギーにも言えますが、光っているかいないかで結果が違ってきます。

☆１のある人……ちり色・念じる、思ったことが実現するエネルギー

皇后・雅子様（１３４）、安倍晋三首相（１３４）、イエス・キリスト（１１２）、田中角栄元首相（１９１）、稲盛和夫（６４１）、ハッサン・ロウハニ〈イラン大統領〉（４６１）、イヴァンカ・トランプ（１４５）、マイク・ペンス〈アメリカ副大統領〉（６４１）、マイク・ポンペオ〈アメリカ国務長官〉（１６７）、レジェップ・タイップ・エルドアン〈トルコ大統領〉（１１２）、アンゲラ・メルケル〈ドイツ連邦首相〉（１６７）

「念ずれば花開く」の「念ずる」というエネルギーが1のエネルギーです。思ったことが実現しますので、常に明るいことを「念じる」ことが大切です。

オリンピックの選手は、いつも「金メダル」と心の中で「念じて」いますが、1のある方が多いようです。イエス様のお誕生日から西暦が始まりましたから、西暦1年12月25日は「112」の光です。常に人々の「幸せ」を「念じて」いらしたことが理解できますね。

☆2のある人……赤色・感情・思い・「人」・情に熱い優しい方々

楠木正成（742）、三木野吉（257）、テリーザ・メイ〈イギリス元首相〉（325）、ドナルド・トランプ〈アメリカ大統領〉（224）、スティーブン・バノン〈元アメリカ大統領顧問〉（922）、ジャレッド・クシュナー〈アメリカ大統領娘婿〉（123）、メラニア・トランプ〈アメリカ大統領夫人〉（832）

感情の赤で2のある人は、大変情に熱く、時には自分の感情が抑えられないことがあります。

人は感情の動物というように、「感情」のコントロールが大切です。心は4色の中で、一番優しい方々です。曇ると、怒りっぽくなります。トランプ大統領もよくツイッターで、「カッカ、カッカ」きていますね。本当は、とても優しいおじい様ですよ。

仲良くしたい方に対する「褒め言葉」には、いつも感心しています。

☆3のある人……オレンジ色・芸術・スポーツ・「目で見る」

安倍晋三首相(134)、弘法大師(933)、織田信長(483)、ヒラリー・クリントン(393)、習近平(933)、テリーザ・メイ〈イギリス元首相〉(325)

文学・芸術・スポーツなどが得意なエネルギーは3のエネルギーです。人の顔色ばかり見て、自分の気持ちが動くので、人の機嫌に左右されないためにも、あまり人の顔色ばかり見ないほうが無難です。

「3猿の教え=見ざる・聞かざる・言わざる」。機嫌をとるなら、「自分の機嫌」をとってあげてください！　人の機嫌に合わせると、とても疲れてむなしくなりますよ！早織も結婚前は、父の顔色見て、結婚したら主人の顔色ばかり見てしんどかったので、自分を見失わないことが大事ですね。早織自身、ピアノも上手でもないのに、なぜか音楽大学卒ですが、自分に3があるから音大に進んだのかも（？）と妙に納得しました（笑）。

プロ野球や、ゴルフなどスポーツ選手に、「3」がある方が多いようです。「五官」を使う仕事に向いています。

☆4のある人……黄色・心・律法・裁判官のエネルギー・「獅子」・正義感が強い

安倍晋三首相（134）、織田信長（483）、楠木正成（742）、菅原道真（843）、エンリケ・ペーニャ・ニエト〈メキシコ前大統領〉（494）、金正恩（494）、アリ・ハメネイ〈イラン最高指導者〉（461）、ハッサン・ロウハニ〈イラン大統領〉（461）

「礼儀・常識」などを、人一倍大事にします。自分の信念や正義感が強く、自分に厳しいので、周囲にはもっと厳しくなる傾向があります。

白か黒か、はっきりしないと気がすまないようです。早織も472の父には、成績が下がると3時間説教されていましたが、父が律法の4を持っていることで、「厳しいのは、4光エネルギーの性質なので、仕方ない！」と妙に納得しました（笑）。疑り深いところもありますので、4のある人は、なるべく自分に優しくしてあげると、周囲にも優しくできますよ！　光ると大変心を大事にする優しい光が4のある人です。

☆5のある人……緑色・「牛」・理性・悟り・医学・薬学・調和

令和新天皇（775）、一遍上人（685）、三木野吉（257）、ジェームズ・マティス〈アメリカ元国防長官〉（685）、アドルフ・ヒトラー（865）、ラウル・カストロ〈キューバ元国家評議会議長〉（595）

5のエネルギーは、4色の中で唯一「調和」のエネルギーですから、周囲と仲良くしたり、まとめることが得意ですが、ゴーイングマイウェイで、自分の道を定めたら周囲の言うことも耳に入らないで、自分の決めた道を進む傾向があるようです。光ると素晴らしい調和の仕事をしますが、一度曇ると、「ぶち壊し」のエネルギーになるので、自分の光が光るように努力することが大切になります。統率力もあり皆を引っ張っていきます。

「5緑＝ゴミとり」の役目もあります。5のある方は、結論より理由が大事ですから、257の三木先生もどうしてなぜそうなるかという理由を論理的に、丁寧に説明されていました。緑の光の特徴です。動物では「牛」のエネルギーなので、早い展開は苦手です。4色の中でも光の世界の存在を理解することに時間がかかるようです。

☆6のある人……青色・「鷲」・智性・矛盾なし・自力

岸信介元首相（663）・佐藤富雄〈作家〉（674）、エマニュエル・マクロン〈フランス大統領〉（663）、アンゲラ・メルケル〈ドイツ連邦首相〉（167）、ナレンドラ・モディ〈インド首相〉（685）

6のエネルギーは、動物ですと「鷲」ですから、そこにいるだけで、なんとなく威張ったように見られます。プライドや誇りがあります。曇ると「矛盾あり」となります。知性のエネルギーが6ですから、人が考えつかないようなアイデアが閃くようです。新しい企画など、誰も考えつかないようなことを、クリエイトするのが得意です。

何事も「自力」でしたいので、6のあるお子さんに「勉強しなさい！」と強制すると、逆に「勉強嫌い」となります。ですので、「6のあるお子さん」には、自分で決めるようにさせてあげると、成績も伸びますからお試しくださいませ。くれぐれも、「勉強嫌い」にさせないように、気をつけてあげてください。

6のある方は、探究心が深く、あらゆることに対して好奇心があり、知的欲求が強い方が多いようです。どちらの光も光っているか曇っているかで、結果が相当違ってくるようです。

「自力」ですから、人に指図されることが苦手で、指図されると、「やる気」がなくなることがありますので、お子さんに対して6のある方には、特に気をつけてください。

曇ると「矛盾あり」となり、早織もいつも失敗して反省の毎日です。

☆7のある人……藍色・愛・政治経済・仕事をする

令和新天皇（775）、安倍昭恵〈首相夫人〉（977）、ウラジミール・プーチン（887）、デイヴィッド・ロックフェラー（797）、ニコラ・マドゥーロ・モロス〈ベネズエラ大統領〉（977）、アンゲラ・メルケル〈ドイツ連邦首相〉（167）

7のある人は「愛の人」です。愛のエネルギーなので、人に対して無償の愛がありますので、邪な心で近づいて来る方には、気をつけてください。利用されることがあります。

令和新天皇がご病気の皇后・雅子様に大変お優しい「愛」を注がれるのも、愛の7が二つもあるので、令和新天皇が素晴らしい「愛の人」と理解できます。同じように「安倍首相夫人の昭恵様」も7が二つもありますので、「愛の人」ですね。7は政治・経済のエネルギーでもありますから、7がない首相の最大のブレーンでいらっしゃることも理解できますね。

政治家の奥様にぴったりですね。安倍首相が長期政権を維持していらっしゃるのも、夫人の977のエネルギーの協力が多大かと納得できます。

7がある人は、「愛の人」ですから、人に利用されないように気をつけましょう。

☆8のある人……紫色・芸術・情報・伝達・マスコミ・語る・壁

ルネ・マグリット〈天才画家〉（854）、ミケランジェロ・ブオナローティ（898）、出口王仁三郎（832）、ウラジミール・プーチン〈ロシア連邦大統領〉（887）、レックス・ティラーソン〈前アメリカ国務長官〉（887）、メラニア・トランプ〈アメリカ大統領夫人〉（832）、ジェームズ・マティス〈前アメリカ国防長官〉（685）

8は「3」と兄弟色ですので、芸術家のエネルギーです。

また「情報・伝達」を仕事とされる「マスコミ」関係の方に8がある方が多く、ピッタリのお仕事ですね。8はアンテナの役目をします。

曇ると「フェイクニュース」を流します。伝言ゲームで、元のお話と全く違ったお話が人から人に伝わり、誤解されることはよくある話ですね。

「受信」「発信」は、「単純・明快・矛盾なし」にするよう気をつけることが大事です。

以上、簡単に1から9まで光エネルギーの参考事例を書きましたが、どちらにしても「心の光」は、いろいろな理由で光ったり、曇ったりしながら、私たちは日常の生活を生きています。たとえ、曇って失敗しても、気づいたら「光らせる」努力をすることが大事です。「失敗」はまさに「成功」のもとですから。

三木先生は、いつも「楽しかったら光ですよ！」とニコニコ話されていました。どんな「苦労」も「楽しく」光で解いていきますと、少しずつ生きるのが「楽しく」なります。34年間「光の調和法」を継続した「早織」の「感想」です。

・どちらから見ても、「楽しかったら光！」

第十章に書きました方々は、すべて皆様の光の参考にして頂き、ご自分の光を光らせることを目的として書きましたので、人様の「性格判断」に使用しないようによろしくお願いいたします。

今まで怖いと思っていた人が、案外優しい方だということも理解できるかと思います。

今まで知らなかったご自身のエネルギーの性質を理解できてきますと、人様も理解できます。そして、今まで許せなかったことも、曇ったら「お互いさま！」と許せるようになりますよ！

どちらから見ても楽しかったら光ですよ！

三木先生おすすめの「参考図書」

・『潜在能力点火法シリーズ（全8巻）』（三木野吉 （株）ノア）

・『光文』（渡辺泰男〈三木野吉の本名〉）

※本書P61～66で引用しています

・『聖書』（日本聖書協会〈1955年改訳〉）

・『宇宙からの帰還』（立花隆　中央公論新社）

※P109～112　チカチカ・ピカピカ現象

・『推背図大予言―中国に残された最大の謎』（鮑黎明　サンデー社）

※P22～24 推背図参照

・『薔薇の名前（上）（下）』（ウンベルト・エーコ　東京創元社）

※同名の映画、おすすめです。ショーン・コネリー主演

・『出口王仁三郎の霊界からの警告』（武田崇元　光文社）

※みろくの世が来ることを予言されています……。

・『ケインとアベル（上）（下）』（ジェフリー・アーチャー　新潮社）
※同じ生年月日の二人の物語
・『荘子』（金谷治訳注　岩波書店）
※北海に住む鯤という大魚が嵐に乗って鳳という鳥になって南海へ飛び立つお話・器の大きい者は、大きい嵐が来て初めて飛べるお話。P17〜18
・『四角な船』（井上靖　新潮社）
※心の綺麗な人だけ、乗船切符を頂けるお話
・『トップクオーク最前線―超ミクロの世界から宇宙が見える』（原康夫　日本放送出版協会）
※超ミクロの世界から宇宙が見える
・『高次元科学―気と宇宙意識のサイエンス』（関英男　中央アート出版社）
※気と宇宙意識のサイエンス
・『捨聖・一遍上人』（梅谷繁樹　講談社）
※三木先生が最も尊敬する方・一遍上人のように無欲で一生を終えたい！
・『木を植えた人』（ジャン・ジオノ　こぐま社）

※一生かけて森に木を植えた男の童話

・『エントロピーの法則―地球の環境破壊を救う英知』（ジェレミー・リフキン　祥伝社）

※部屋を一切片づけないで1週間過ごしたら部屋の状態はどうなるか？　光の世界は、逆エントロピーの世界

・映画『シャイニング』（ジャック・ニコルソン主演）

※三木先生が、たまたま空いた時間に入った久留米の映画館で見た映画は、調和とはほど遠いホラー映画でした！　30年後の現代の家庭を暗示したような映画です

早織のおすすめ図書

・『運命は「口ぐせ」で決まる』（佐藤富雄　三笠書房）

※早織の師で人生作家倶楽部の創設者

・『いい「口ぐせ」はいい人生をつくる──100万人の口ぐせ理論』（佐藤富雄　大和出版）

・『考えかたを選べ』（佐藤富雄　口ぐせ研究アカデミー）

・『「感謝」で思考は現実になる』（パム・グラウド　サンマーク出版）

・『2022──これから10年、活躍できる人の条件』（神田昌典　PHP研究所）

※一番仕事が乗っている時のガン宣告、生きることを選んで5年で完治した体験は必読

・『耳をひらいて心まで──分離唱のすすめ』（佐々木基之　音楽之友社）

※分離唱のハーモニーで、耳がひらきます。国分寺で分離唱コーラス開催の佐々木恵美・美和先生の父

・『自動的に夢がかなっていくブレイン・プログラミング』（アラン・ピーズ、バーバラ・ピーズ　サンマーク出版）
・『銀河のビームマヤツォルキン』（秋山広宣　ヒカルランド）
※銀河のツォルキンの世界で一人の解読者（2019年6月18日初版）。光はミクロの探究・銀河のマヤは宇宙的なマクロの研究が形色数で、なぜか一致してきます
・『心。』（稲盛和夫　サンマーク出版）
・『「光の国」からのメッセージ』（杉原早織　きれい・ねっと）
・『4色の人』（杉原早織（株）ALM企画）
・「皇の時代」コスモ21　小山内洋子
・「斎藤一人」さんの「書籍」「ユーチューブ」
・「あなたは絶対！運がいい」幻冬舎文庫　浅見帆帆子

おわりに

34年間の実験・研究した『潜在能力点火法』。

このたび、幻冬舎ルネッサンス新社のご協力を頂き、早織の34年間の研究を発表させて頂くことになりました。

どんなに素晴らしいと思えることも、一時的な興味や、感動では一過性のものとなります。

三木野吉先生の発見された、「心が光でできている」ことと、「光でできた心を光らせる方法がある」ことを、まずは自分で実験して、『潜在能力点火法』に書かれたことが真実かどうかを確かめるために「調和法」を始めて、あっという間に34年も経っていました。

もともと、ずぼらな早織がいろいろ試してみて、続いたのは「心⇅光」だけでした。

なぜか、光のお話は大変面白く、何年経っても色あせることなく、ますます自分の光人生が楽しくなることを、日々実感しています。

35歳という若い母として、子育ての時期に「光の本」に出合えたのは、本当にラッキーなことだったと、34年経ってつくづく喜びを深く味わっています。

何かの強い力に、押されるように出合った日を、昨日のように思い出します。

もし、一人一人の人生に、各々「使命」があるとしたら？

私の使命は、「『心が光でできていること』を多くの方々に伝えること」と確信しました。

一人一人の心の光の色があり、その光の色を大好きになることが、明るい光の人生の幕開けだなんていったい誰が気づいたでしょうか？

早織は音大卒とは名ばかりで、ピアノのトラウマがありました。その影響もあって、自分の夢を幼い長女に託して厳しいピアノのレッスンを課し、「美しい音の響き」を求めて毎日、毎日ピアノの練習に明け暮れたあげく、ピアノコンクールの決勝では金賞でなく、銀賞でした。今考えると銀賞も充分素晴らしい賞でしたのに、なぜかむなしくなっていた時、「心=色」と書いてある本の『潜在能力点火法・開門編』に出合ったのです。

「えー！　音でなく色なの？」

ピアノの音で、心の美しさを探求してきた自分には、衝撃的な「本」でした。

その日の1985年11月9日（527）から、私の「光人生」が始まりました。

奇しくも4年後の11月9日は、ドイツのベルリンの壁が破れた日でした。

詳しいことは、『「光の国」からのメッセージ』（きれい・ねっと）に書いていますので、併用してお読みくださると嬉しいです

「4色の人」に、出合った皆様は、是非「調和法」を継続されて、20～30年後にどんな楽しい人生を、歩いて行かれるか、是非お試し頂けたら更に嬉しいです。

もちろん、人生はどの方にも、その方にあった苦労が伴うのが当たり前です。

「光の世界」を知ることで、どんな苦しいことも乗り越えられる力もついてきます。

三木先生は、映画好きで、「始めから終わりまで、ハッピーな映画は、面白くないでしょ？　人生も同じですよ。ハラハラ・ドキドキがあるから、楽しいのですよ」とニコニコしながら話されていました。

あとがき

１９８５年11月9日（５２７）に、『潜在能力点火法・開門編』と出合って、２０１９年11月9日で34年目になります。

著者の三木野吉先生が亡くなったのは、１９９５年12月7日（６１７）ですから、２０１９年でもう24年になります。

早織は三木先生が亡くなるまでの10年間に「心⇅光」を学びました。

亡くなってからの24年間もひとときも忘れることなく、「心の光」のことばかりを考えて生きてきました。

35歳だった私も、69歳になります。

ちょうど、出会った頃の三木先生と同じ年ごろとなりました。

まだまだ未熟で、恥ずかしい限りですが、なんとか楽しく生きています。

『潜在能力点火法・開門編』に書いてある通りにしたら、「来年の今日ニコニコ」になるのか?をどうしても確かめたくて、「光の調和法」を続けてあっという間に34年経ちました。

その間、迷いの森に入ったり、「真実」を求めて、さまざまなセミナーにも参加しましたが、私の知っている「光の世界」以上に心惹かれるものは皆無でした。

新しいことを学んでも、しばらくするとあきて、また「光の世界」に戻ってきます。

生前の三木先生は、いつも楽しいことを教えてくださっていました。今でも心に浮かぶのは、「ひかり・ひかり・ひかり・光より他に皿にナシ!」という「お言葉」で、「まあるい大きなお皿に、『ナシ』をきれいにむいて、まあるく並べて、召し上がってください!」と楽しいイベントのようなお話をされていました。

毎年秋に、「ニイタカナシ」という大変大きな「ナシ」が収穫される時期になりますと、いつも「光・光・光・ひかりより他に皿にナシ!」と心でつぶやきながら楽しく食べていました。

また、先生は「自分の名前の中に、素晴らしい陽号(光からのメッセージ・暗号の逆・明るいメッセージ)が隠れている」と話されました。「本名の『渡辺泰男・わたなべやすお』の一字一字を入れ替えたら、『おやわなすたべ』という言葉が出てきて、光をする『親』は、『輪切りにしたナス』を『食べて』ください」と言われていました。

実際にナスのできるシーズンには、輪切りにしてみんな喜んで食べていました。

つまり、「打京・推背」をして、光を教えてくれた方が、「光の親」で、「誰でも、『光の子供』をどんどん永遠に増やせますよ！」と、ニコニコして話していました。

私も自分の名前の「陽号」を解いてみました。

本名「杉原典子・すぎはらのりこ」＝「このぎりはらす」。

「お世話になった方々のことを、決して忘れないで恩返ししなさい！」という名前と解けました。

もちろん、私の「恩返し」は、「心⇅光」をお伝えすることです。

ただし、求められたら「お伝えする」ということが大切です。押し付けたら光ではなくなります。「自分の名前」の中に、「自分の使命」が入っているようです。

また、ある時は、僕の母は、「はる」（春）妻は、「なつ」（夏）ですから、「あき」（秋）というお名前の方が、光を求めて来られたら大変嬉しいです。と漢字が違っても、「あき」というお名前の方が来られたら大変喜ばれていました。

春↓夏↓秋↓冬。

秋の次は、当然「冬」ですから、このたび「幻冬舎」という「冬」のお名前の出版社にお世話になることを、三木先生は、あの世で喜んでニコニコされているような気がして仕方ありません。

また「幻」という名前も、大変不思議なお名前です。

なぜなら三木先生は、生前に『聖書』を光で解読する研究をされていました。

特に『エゼキエル書』の第一章は、大変不思議な書で、「第30年4月5日に、エゼキエルが、神の幻を見た」ことが書いてあります。

『エゼキエル書』は、「聖書研究」の中でも難解中の難解な箇所と言われていますが、光で解くと、人の表面意識の構造を言葉で表現していることに気づきます。

「牛」「獅子」「人」「鷲」という表現で書いてあります。

「牛＝5＝緑」「獅子＝4＝黄」「人＝2＝赤」「鷲＝6＝青」。

5426……と4色の光を言葉で表現してあります。

また、「4月5日」を大変意識して、「何か光に関する重要なことが起きる日ではないか？」と注目されていました。

三木先生は、歴史上起きた戦争も、その裏に隠された意味をいつも探究されていて、太平洋戦争における真珠湾攻撃の暗号は、「ニイタカヤマノボレ1208」というモールス信号「12月8日に攻撃せよ！」と日本の3か所から、ハワイ近くに停泊していた戦艦に打たれた暗号を解析していました。

本当の戦争は勝つために敵の兵隊を殺しますが、光の戦争は、光で、人様を活かしたら勝ちですから、光で人様を活かす仕事を、「活人戦争」と言われて、人差し指で、空を指さして、「ヒカリ・ヒカリ・ヒカリ・ニイタカヤマノボレ！」と大きい声を出して、「人様を光で活かす」厳しい「活人戦争」に「活」を入れられていたのを、なつかしく思い出します。

そして、本当の戦争は、一発の原爆でいとも簡単に大勢の人の命を奪いますが、人様を活かす仕事は、大変困難が伴うことを、しみじみ話されていました。

「家庭の崩壊」や「引きこもり人口の増加」など、最近の社会現象を、30年以上も前から心配されていたことが、今思いますとわかります。

三木先生が一つ一つのご家庭の調和する方法を伝えて、お一人、お一人を活かす大変きつい仕事をなさっていたことがやっと理解できてきた今日この頃です。

このような方法で、困った問題が解決するとは思えない方も、時間はかかりますが、ものは試しで、ぜひ「家庭の調和法」をお試しくださいますようにお願いいたします。

この本の作成にあたり、幻冬舎ルネッサンス新社の近藤様・下平様・中森様・中川様をはじめ、皆様に大変お世話になりありがとうございました。今まで聞いたことのない内容かと思いますが、早織の気持ちをよく理解してくださり感謝しています。

また、日ごろから、誰も知らない「光の研究」を34年間も自由にさせてくれた主人には、本当にありがたい思いで一杯です。しかも、膝を痛めた早織の家事のサポートも日々してくださり、「光の調和法による、来年の今日ニコニコ」はやっぱり「真実」でした。

子供たちへ
「青ばかり着た変わったお母さんを暖かく見守ってくれてありがとう！」
663「青の光」の矛盾だらけの自分を知り、ゆえに、これからも青の光を光らせる精進をしていきます。

かつて日本に「心⇅光」を発見して、「家庭の調和」に命をかけた「偉大な日本人、三木野吉こと渡辺泰男（1919年6月8日〜1995年12月7日）」という方が存在していたことを伝えるために『4色の人』を書きました。

最後まで読んでくださり、ありがとうございました。

杉原早織

〈文庫本あとがき〉

2020年2月27日（426）に、出版しました「4色の人」は、幻冬舎から発売されて大変ありがたい事に、2年10ヶ月後の現在も、アマゾンで毎日1冊くらいのペースで売れていて、大変嬉しい限りです。

この度、再度「幻冬舎ルネッサンス新社」より、「文庫本」のお話を頂き、少しでも、世の中に、「心を光らせる方法」が伝わる事を願って「文庫本」を出版させて頂きます。

私の「師・三木野吉」先生は、1995年12月7日（617）に亡くなり、今年2022年12月7日（617）で、二七年目になります。私自身が、「663」と、「6の年」の生まれで、「6の年」には、世の中でも「大事件」や「大事故」が起きやすいのではないか？とうすうすは気づいていましたが、2022年の今年も「6の年」です。

今振り返りましても「安倍晋三元内閣総理大臣の暗殺」や「ウクライナ戦争の勃発」

「コロナ禍の継続三年目」などなど、普通の年ではめったに起きない事件が、立て続けに起きています。

やはり「6の年」は「凄いエネルギー」が渦巻いて「世界的に大変動」が起きていると認めざるをえません。

この「後書き」を書いている今日は、2022年12月22日（6774）「冬至」です。

「冬至」は、スピリチュアル系の、ユーチューバーの方々も「冬至までに手離す」という事をさかんに話されています。

最近良く聞いている方々は、「斎藤一人」さん、「浅見帆帆子」さん、「本田健」さん……

「三木野吉」先生は、「物理学者」でしたから、「霊的な話」は「証明出来ない」と、科学者として「証明可能」な事に「着目」して「実際起きた歴史上の出来事」について、「大事故」「大事件」「戦争」など、多くの方がお亡くなりになった時「その尊い命」を「決して粗末」にしてはいけないと、「なぜその事故、事件」が起きたかを「徹底的に解明」されていました。

「安倍元首相の暗殺」は、２０２２年7月8日でしたが、その日の光は、大変びっくりした事に、私の光「６６３」でした。

1，私の「誕生日」の光６６３……………初めの光　１９５０年11月13日生

2，安倍元首相の「没年月日」の光が６６３……終わりの光　２０２２年7月8日没

「初め」６６３＝「終わり」６６３で、繋がっていたのです。

37年間「心は光で出来ている」という三木野吉先生の「世紀の大発見」の「真偽」を探求してきましたので、「１２３ワンツースリーの法則」から、３回同じ事が「繰り返されたら」「完全に光からの、メッセージ」という事で、あと一つ６６３の光を探してみましたら、びっくりした事に、

3，安倍晋三様のお祖父様岸信介様が、１８９６年11月13日生まれで、「６６３」の光と解りました。

しかも誕生日11月13日も、私と同じです。その上、亡くなった日が、8月7日で、7月8日と同じ数の日になります。

私は、霊感も霊脳もない「普通の平凡な主婦」ですから、元総理大臣経験者の「偉大」な「お二人」と、「誕生日」や「没年月日」が同じなどと「おこがましい」事は、「夢口にしてはいけない」とは、思いましたが、一つだけ皆様とは、違って「三木野吉先生の「潜在能力点火法」を「本屋」で見つけて、亡くなるまでの10年間、没後27年間「光探求」の「研究」を37年間も継続しているだけです。

「三木先生」が生きていらしたら「663の123ワンツースリー」をどのように「解明」されるか気になって仕方ありません。機会がありましたら、私なりに、解明して、また書いてみたいと思っています。

お話は変わりますが、最近とても「びっくりする本」に出会いました。

「皇の時代」コスモ21　小山内洋子さんが書かれた本にびっくりする事が書いてあり

ました。

小山内さんの「師」も「物理学者」でした。

「于由光線（うゆうこうせん）」という「名前」で、宇宙から「光」が届いているお話でした。

もしかして私の師「物理学者の三木野吉」先生と、小山内様の師「宇宙物理学者の小笠原慎吾」先生の「発見」は「同じ光」ではないか?と思うのです。

納税日本一の「斎藤一人」さんも、小さい時「白い光の球」が現れて「さまざまな疑問の答えを教えられた」と何回も「著書」や「ユーチューブ」で話されています。

三木先生が「探求」していた「光の実在」に「気づく人々」がどんどん、現れているように思える今日この頃です。

また「機会」がありましたら、「4色の人」の「パート2」(仮称)を書いてみたいと思います。

「宇宙」から『無償』で届いている「光のエネルギー」が、「世の中」にあふれた時真の「調和」や「平和」が「訪れる時代」が、「もうすぐそこに」来ている「予感」がして「仕方」ない今日この頃です。

その為には、「4色の人」が少しでも「多くの方々」に「伝わりますよう」に「祈るばかり」です。

これからは、自分の光で自分を守れる時代となります。

本物は「ただ」といつも三木野吉先生は、話していました。

「水・空気・太陽の光・人間・光エネルギー・土・植物……」

「人間」が必要な物は「すべて無償」で「提供」されているのです。

「4色の人」の『文庫本』出版を勧めて下さいました、幻冬舎ルネッサンス新社の「田中様」「谷口様」にお世話様になりまして、大変感謝します。

また、膝を痛めた「早織」をいつも支えてくれる、主人や3人の子供達の素敵な「ファミリー」に、心から感謝します。

皆のお陰で「4色の人」の「文庫本」を出版する事が出来ました。

2022年12月22日(冬至)　72歳・寅年　杉原早織

【著者紹介】

杉原 早織（すぎはら さおり）

東京音楽大学教育科卒。人生作家倶楽部同人。「早織のトークショー」講師。（株）ALM企画代表取締役。

趣味：ピアノ、歌、ゴルフ、読書、セミナー参加、旅行

著書：『バラのひととき～すべての人に愛をこめて～』（(株)ALM企画）
『４色の人』（(株) ALM企画）
『「光の国」からのメッセージ』（きれいねっと）

4色の人―あなたの心の光らせ方―

2023年2月27日　第1刷発行

著　者　　杉原早織
発行人　　久保田貴幸

発行元　　株式会社 幻冬舎メディアコンサルティング
〒151-0051　東京都渋谷区千駄ヶ谷4-9-7
電話　03-5411-6440（編集）

発売元　　株式会社 幻冬舎
〒151-0051　東京都渋谷区千駄ヶ谷4-9-7
電話　03-5411-6222（営業）

印刷・製本　中央精版印刷株式会社
装　丁　　宮脇菜緒

検印廃止

ISBN 978-4-344-94406-0　C0011
幻冬舎メディアコンサルティングＨＰ
https://www.gentosha-mc.com/

4色の人

調和法

すべての人に
愛をこめて

早織

まえがき

1985年11月9日（527）
　広島そごうデパート6階の、紀伊国屋書店で、
何か強い力で背中を押されて出合った、世にも
不思議な書物『潜在能力点火法 開門編』（三木野吉著）

2019年11月9日（325）で34年間
ひとときも忘れることなく、『潜在能力点火法』
に書いてある「調和法」を実行してきました。

早織の「34年間の体験」の結果をふまえて、小さいお子様から大人まで、どなたにもわかりやすく
『潜在能力点火法』の「調和法」をお伝えするのが、本書の目的です。

自分の心を光らせる方法を体験する「調和法」を実行するだけで、「無償」で、「光エネルギー」が、入って来てその“光”がどんな時も、常に自分や自分の家族や、身近な人々を守ってくれていることがわかります。

人生は、なかなか自分の思うようには、いかない。
そんなに、簡単ではない！と思っている方もいるかと思いますが、たとえ希望通り思うようにいかなくても、短絡的に結論を出すのではなく
「ちょっと待て！」とそのままにして「調和法」を続けてみます。

さまざまなことを体験していくなかで、すべてのことが、「チリ一つも無駄なく」自分の人生には「重大な意味」があったことを体験した時「あ～この道だったのか？」と何十年来の「謎」が解けた時の「至福の深い喜び」は、短絡的に結論を出さなくても良かったことをまざまざと証明してくれます。

「４色の人」に出合った皆様の人生が、楽しく、実りある至福の「バラ色のひととき」を味わって頂けましたら、これ以上の幸せはありません。

どうか、ぜひ実行して、続けてみてくださいね。

早織

4色の人

人の心は、"光"でできています。

"光"の色は、人によって4色に分かれます。

●緑の人………心の光が緑色の人
●黄の人………心の光が黄色の人
●赤の人………心の光が赤色の人
●青の人………心の光が青色の人

自分の"光"の色は、生年月日を九進法で計算して出します。九進法とは、ある数を一桁になるまで足していく方法です。

数は3つ一組です。

例えば、1919年6月8日の場合

A　西暦　1+9+1+9=20=2+0=**2**

B　月+日　6+8=14=1+4=**5**

C　A+B=C　2+5=**7**

1919年6月8日は257の光となります

数の色

- 1………………ちり（うす紫）
- 2………………赤
- 3………………オレンジ
- 4………………黄
- 5………………緑
- 6………………青
- 7………………藍
- 8………………紫
- 9………………みよ（オリーブの葉の色）

生年月日を計算して出た３つの数で、

３つの数に５がある人………………………緑の光
５がなくて４がある人………………………黄の光
５も４もなくて２のある人…………………赤の光
（例外224は赤）
５も４も２もなくて６のある人……………青の光

5も4も2も6もない人は兄弟色で決める。

178（赤）	189（黄）	191（青）
224（赤）	371（赤）	393（黄）
718（赤）	731（赤）	797（赤）
819（黄）	887（赤）	898（黄）
911（青）	933（黄）	977（赤）
988（黄）	999（黄）	

兄弟色

1（ちり）	＝6（青）
2（赤）	＝7（藍）
3（オレンジ）	＝8（紫）
4（黄）	＝9（みよ）

例外＝224は4があっても2が二つあるので、二つある2が代表して、赤になります。

例）191は青、797は赤、911は青となります。

“光”でできている心に
入ってくるエネルギーも“光”です。

目には見えなくても、毎日絶えることなく私たちに送られてきています。

世界中、宇宙全体で通用する３つのことを着目することで、光エネルギーの存在を証明することができます。その３つとは、何でしょう？
言葉は世界中違いますので、言葉以外で証明できます。

それは、**形・色・数。**

“光”の世界の存在は、この３つに着目することで、
証明できます。

数

自分の持ってる数で一番大切な数は、生年月日です。さらに、住所・電話番号・車のナンバー・保険証番号・パスポートの番号などにはとても大切なメッセージが隠されています。

その数が「早く光を悟ってください！」と静かに絶叫しています！毎日の年月日からも、その日のエネルギーの数がわかります。歴史上のさまざまな出来事も、そのことが起きた年月日に大切なメッセージが隠されています。

そのメッセージを探求することで、なぜその事故、事件、天変地異が起きたのか？　何を気づかせるために起きたのかが解明できます。

気づいたら、目的を達するので二度と同じことは起きませんが、気づかないと、気づくまで、相手は違っても同じことが繰り返されることがあります。

つまり**何事も意味がある**らしいのです。

私たちが毎日何気なく見ている、数の中に重大なメッセージが含まれているのです。

123（ワン ツー スリー）の法則

同じ内容や、数が３回繰り返されることを**123の法則**といいます。

同じことが3回繰り返されたら、完全に「光の国」からの通信（メッセージ）と考えてよいですよ。

数にも重大な意味があることを知りましょうね。

気づけば、自分が抱えている問題が早く解決しますよ!!

色

生年月日から計算してわかる心の光の色を大好きになることで、自分の心を光らせることができます。

心の光が光ってきたら、光ったことが起きてきます。
心の光が曇ってきたら曇ったことが起きます。

明るい心になってくると、自然に、明るい色の服を身に付けるようになります。曇ってきたら、なんとなく曇った色が落ち着くようです。何色を着ても、着る人の自由ですが、色の持つエネルギーを知っているか知らないかで、物事がついているかついていないかが違ってきます。

黒色や紫色の洋服を着ると、せっかく送られてくるエネルギーがブロックされてしまいます。黒色と紫色は光を通さない性質があります。

明るい色は周囲を明るくします。暗い色は何となく暗いイメージがあります。
明るい色を着るのも、社会を明るくするためや、楽しい社会作りに貢献します。

すでに、服飾業界・家具業界・電気製品などなども、20年前にくらべてかなりカラフルになっています。

この色の変化こそ、社会の変化にいち早く反映しているのです。

真っ暗な闇に勝てるのは、たった1本のマッチで充分です。火がついた途端に闇は消滅します。

人の心が点火して光ると、光った人がいるだけで、闇は消えます。

一人一人の心が光ると、たとえどんなに小さいささやかな光でも社会を明るく照らすことができるのですよ!!

そこに、あなたが存在するだけで、充分なのです!!

“光のあなた”がね!!

これからは、色を意識して、いち早く仕事に取り入れた会社が業績を上げて行きます。一度、看板や名刺の色を明るく変えてみるのもこれからの企業にとって明るい未来の提案となるはずです!!

あなたの光の色を大切にしましょうね!!

形

すべての物には形があります。

形を通して、光の国からメッセージが来ていますよ。代表的な光の形は六角形です。行った先で、お部屋に六角形の形の時計とか灰皿とかあったら、そのお部屋で光のお話が弾みますよ!!

そのお部屋に光が存在するという目印です。サッカーボールも六角形と五角形でできていますね。またチェックの模様は宇宙暦という暦の形を現します。チェックの模様の服は光の服にもなります。昔からチェックはよく愛用されていますね。

私たちが日頃何気なく使用している物の形や模様もこうやって観察するととても楽しくなります。初めて会う方やお友だちがどういう形のアクセサリーをして目の前に現れたかはとても興味深いことなのですね……。

DNA のラセン図も五角形と六角形で表しています。家の形、地図、看板の形や色……など、身近に使っていて毎日目にしているものの中から光からの通信をキャッチでき

るあなたになってください。
生活がもっと楽しくなってきますよ!!

自分の名前は形です。

両親が心をこめて付けてくださった名前は親から頂いた一番大切な宝です。

自分の名前の中に、何をするためにこの世に生まれてきたかの使命が隠れています。図書館で詳しい辞典で1字ずつ漢字の意味を調べてみてください。素晴らしい意味を発見できますよ。

もうすでに潜在意識では、知ってる言葉なので、読んだらすぐこれだ！とわかるはずですよ。

言葉について

光の世界の対極にあるのが言葉の世界です。言葉は心の状態を表すバロメーターにもなりますね。

不平・不満は、曇った心の光エネルギーが溜まった結果として、言葉や態度として出てきた状態です。口から出た言葉、心で思っていることなどが、現実化することがあります。

「言葉や思い」にも強いエネルギーがあります。

心を常に光らせて口から出る言葉を、いつもチェックすることが大切です。自分の口から出る言葉で、自分の心が、光っているか曇っているかわかります。

この本は、その光エネルギーでできた心を、具体的に光らせることを目的としています。

この本の基になっている本があります。その名前は、『潜在能力点火法』（三木野吉著）といいます。

「人の心が光でできていて、その心に入ってくるエネルギーも光である」ということを**著者の三木野吉**が発見し、

「どうしたら自分の光を光らせることができるか？」を、世界で初めて発表した原点本です。

三木野吉の光の本シリーズは８冊あります。もっと深く光のことを勉強したい人におすすめです!!!

そしてこの本『４色の人』は、三木野吉著『潜在能力点火法』をなるべく、わかりやすくした解説本です。

心の光が光ってくると、潜在能力が点火して、隠れていた自分の能力が出てきたり、勇気が出てきて、いじめっ子から自分を守ることもできます。

自分や自分の家族を、自分の力で、楽しく、快適にしてとても幸せな毎日になります。苦しいことも勇気が出てきて乗り越えられます。

人にどんどん教えてあげると、良いことが自分に循環してきます。

心が光ってくると、仕事もうまく回り出します!!

頭もドンドン閃き出します!!

自分にも人にも優しくなれます!!

さあこれから“光”の国のドアをあけて一歩を踏み出しましょう。

あと一歩であなたは“光の人”になりますよ!!

レッツ　ゴー!!

緑の人

生年月日を計算して出てきた３つの数の中に、５がある人は全員緑の光になります。

自分の光の色、緑色を大好きになることが、光の国に入れる条件です。

緑色が大好きになったら自然に、緑の服を着たくなります。

緑の光の人が、緑色の服を着てみるととても似合うはずですから、一度試してみてくださいね。

そしてとても若返りますよ!!

緑系でもいろいろありますが、若草色のような明るい緑はおすすめです。

緑の人

１４５・１５６・２３５・２５７
３２５・３５８・４１５・４５９
５１６・５２７・５３８・５４９
５５１・５６２・５７３・５８４
５９５・６５２・６８５・７５３
７７５・８５４・８６５・９５５

５のある緑の人の特徴は**理性**です。

緑が、光ってきたら、周りの人をまとめたり、人と仲良くすることをとても大切にします。**調和を担う光が緑**です。

私たちの住んでいるこの緑の地球を調和できる光は、唯一緑の光です。緑の人が光る努力を始めたら、この地球環境は、かなり改善されるはずです。緑は周囲の人々を仲良く調和させることができる光です。

曇ってくると、反対になることもあるので、注意が必要です。

常にゴーイングマイウェイが、緑の人の特徴です。

自分で無駄と思うことは、なるべくしないようにしますが、無駄と思える中に実はとても大切なことがありますので、人のために親切にすることに、自分のエネルギーを使うことも、してみると案外、結果として良いことが循環してきて得することがあります。

「チリ一つも無駄はなし！」という言葉は緑の人にもぴったりな言葉と思います。

緑の人が光ってきたら、そこにいるだけで、周りを調和させます。また家庭内の調和も緑の人が担うことが多々あります。

家庭に緑の人がいないときは、外からの協力が得られることがあります。

ない色を補うのが、諸々の人間関係ですので、周りの協力に気づいたら、感謝の心が出てきます。緑の人は、温厚で好人物で、悟ったような雰囲気がありますので、人にも好かれます。

曇ると、利己的になることもあるようですので、利他も合わせて考えるとバランスが良くなります。

黄の人

３つの数に５がなくて４がある人が、黄の人です。
（ただし224は２が二つあるので、２（赤）の人です。）

黄の人

134・189・246・314
347・393・426・437
448・461・472・483
494・641・674・742
764・819・843・898
933・944・988・999

黄の人は、**本能**のエネルギーです。

黄の人は、心のことをとても大切にします。**単純でシンプルが好き**です。**良く気がついたり、整理、整頓が得意**です。

何事も**決断力**があります。光ってきたら、**勇気**が出てきます。
動物では獅子が、黄色の人の特徴です。

猪突猛進、何事も早い展開を好むこともあるようなので、時には「とどまる」ことも大切です。黄色の人の意識は律法ですから、自分の中の常識や固定観念にこだわりやすいことがあります。

曇ったらせっかちだったり、律法のエネルギーで裁くことがあります。

自分の価値観が大切ですから、相手を認められなくて困ることがあります。人を裁くときは、自分と人を公平にすることが大切です。人を疑う時は自分の見方が正しいのか？と自分も疑ってみると、公平に物事を判断できるようになります。

自分に厳しいと人にも厳しくなります。自分を否定すると、人も否定したくなるので、自分の本心が何かをよーく考えて、自分を認めることが大切です。

黄色の光が光ることで、自分や人を認められるようになり、素直で良く気がつくようになり、人にも心配りができるようになります。

本能のエネルギーですから、自分のしたいことや欲しい物を手に入れることに、エネルギーを使いますが、何事もほどほどが良いですよ。

また、あせったり、怖がったりする時は黄色の光が曇ってきた証拠ですから、黄色を意識して勇気を出しましょうね!!

また、人の意見の反対を言いたくなることがあります。黄色が光ると相手の意見も聞くように努力するようになります。

自分の気持ちの逆をしてみるのも、周囲の人と楽しく生きるコツかもしれませんね。

赤の人

３つの数に５も４もなくて２がある人は赤の光です。

赤の人

112・123・178・213
224・268・279・281
292・371・382・628
718・729・731・797
821・832・887・922
977

赤の光は、**感情**のエネルギーです。

生き物では、「**人**」です。

人は感情の動物……と、昔から言われますがその通りです。**情が厚く、やさしく思いやりがあります。**

時には情に負けることもありますから、人に同情しすぎて、自分を見失わないことが大切です。

何事も、理屈ではなく感情で対応することが多々あるので、感情にながされないようにすることが大切です。

赤の光が光ってくると、とても明るくなり、周囲の人にとても好かれます。

曇ってくると、怒りっぽくなることがあります。

赤の人が怒ると、心の壁を作ったり、人間関係を否定して、どうしても相手が認められなくなることがあります。感情が出てきた時は、冷静になるまで、時間をかけることが大切です。

光ると周囲を暖かく包み幸せにするのも、赤の得意とすることです。

どちらかというと、内より外を大切にします。家族の気持ちにも思いやりを持つとバランスがよくなります。

親しき仲にも礼儀あり……といいますが、どんな人間関係でも甘え過ぎないことが大事です。

赤の光の人は心の中で、カッとしたり、ムッとしやすい自分をよく観察して、どんな時に怒りの感情が沸いてくるかを観察してみると、物事の見方や受け取り方が暗い意識から出てくることに気づきます。

いつもの心の癖を観察して、

「なぜ、腹が立つのか？」

をよく考えてみると、無意識に相手の中に自分と同じ姿を見ていたりしていることに気づきます。

これは、赤の人に限りませんが、2のエネルギーが曇ると怒りっぽくなる性質があることを、良く把握して、なぜ腹が立つかを冷静に考える習慣、癖をつけていくことが、ちょっとのことで腹を立てない自分が育ち非常に愛情を持って、物事を受け止めれるようになります。

赤の光が光ってくると、**起きていることすべてに感謝できる**自分になります。受け取り方も明るくとることができるようにもなります。

否定的でなく、肯定的にとらえる努力もはじまります。

心の壁もカッとして、すぐ閉じていた心の習慣もだんだん許容量も少しずつ広がっていきます。

明るい赤色を意識して、大好きになることにより、相手もそして何より自分自身を心から認める自分に気づきます。

明るい意識になることが、赤の人の一番の課題です。

青の人

青の人は、３つの数に５・４・２がなくて６のある人です。

青の人

167・191・336・369
617・639・663・696
786・876・911・966

青は４色の中で一番種類が少ないです。

青の意識は「**智性**」です。

青を動物に例えたら、「**鷲**」です。

「**鷲**」は、鳥の中でも王様で、全体を上から見下ろしています。

テーマは「**矛盾なし**」です。

青が光ってくると、物事の判断、決断に矛盾がなくなります。

曇ってくると、愚痴が出てきます。

言うことと、行動に矛盾が出てきます。鷲の意識がありますので、気をつけないと、威張っているようにも受け取られることがあります。自然にしていてもなんとなく、プライドの高さを感じさせられることがありますので、気をつけると相手に威圧的になりません。

青の人が光っている時は、**大変親切で、頭もよくまわる気配りのできる人**たちです。また**奉仕活動を熱心にする**のも青の人によく見かけます。

青の光は智性のエネルギーですから、どんなに小さい赤ちゃんや子供でも自分の考えをきちんと持っていますので、プライドを傷つけないで接することが青の人に対しては、特に気をつけたら良いことです。

また自分の価値観や考えがしっかりあるので、人の考えを認めたりすることが苦手ですが、青の人がひとたび、人の心の機微や情緒が理解できるようになると、素晴らしい親切な人として暖かい思いやりのある仕事ができるようになります。

６のエネルギーが活躍しだすと、自分のことは二の次にしてでも人様のために働こうと努力して、奉仕のエネルギーや情熱はとても真似ができないくらいの熱い思いやりで対処していきます。

青が光ると、見返りを求めない「無償の愛」の行為ができるようになります。

青…６のエネルギーは循環を表しますから、自分のした行為がまた自分に戻ってくることを良く把握することが大切です。

何事も頭の回転が速いので、先回りし過ぎないように気をつけて、人の言葉や行為を尊重するように、気をつけることが、人間関係を良くしていくヒントになります。

青の子供を持っている親はむやみに叱ったり、否定的な言葉かけをすると、物事に対して、やる気が起きなくなるのも青の光の特徴です。

すべてを自力でしたいのが青の人ですから、強制や命令に対して反発が強いことがあります。逆に頑張ったことに対して、褒めたり認めるとますますやる気がでてくるのも青の人によく見かけられます。子供の光エネルギーの特徴を親が把握して子供の才能や、やる気をつぶさないように気をつけることは子育てにおいて、とても大切なことです。

楽しい人生を送れるかどうかは、小さい時の大人の接し方が的を得ているかどうかが大変重要となってきますので、この「4色の人」がなるべくたくさんの人に理解されることが子供たちの未来をも救うことになるはずです。

同じ色の人でも性質が違うと感じることがあります。
それは、3つの数が違うからです。
一つ一つの数にもエネルギーの性質があります。

光の性質

❾ みよ色…光の世界すべてを表します。

物事を表面的に見ないで心眼で見ます。

９を持たない人と９を持っている人とは、価値観が違いますが、**９のある人は、光の世界の存在を理屈ぬきに知っています。**物事に恐怖心を持つことがありますが、光が理解できると自然に解消されます。大きな心の持ち主です。心のやさしい持ち主です。

一桁の数で一番大きい数が９ですから９が光ってくることが大切です。

❶ ちり色…念じる・物事の始め

夢の実現のエネルギーです。いま流行りの成功法則は1のエネルギーのことです。

思いの実現も1のエネルギーですから、どんなことでも念ずることで実現しますので、1のエネルギーの使い方は、必ず光の基準通りに使用する必要があります（光の基準＝単純・明快・矛盾なし）。

注意することは、1のエネルギーばかりを触発すると、偏ってしまうことがありますから、1から9までをバランス良く光らせることが大切です。負けず嫌いで、**何事にも頑張るエネルギー**です。

1を持っている人が職場にいると大変よく仕事をしている姿を目にします。6と兄弟色になりますから、1を持っている人の、プライドを損なわないように気をつけることが大切です。

❷ 赤…思い・感情・明快

赤のエネルギーが光ると、大変**やさしく明るく、情に熱い人**になります。周囲の人を明るくするのが得意です。２は人間関係を表しますので、さまざまな人間関係が２を持っている人の課題です。

２を持っている人は口に出す以上に思いがあります。曇ると暗い思いが溜まっていくことがありますから、物事の見方、受け取り方を明るく受け取る努力が必要です。すべてに感謝できるようになると、２のエネルギーが光ってきたことが解ります。

赤はそのまま、明るい状態を表しますので、暗くなるときは早く切り替える癖をつけると良いです。

こだわらないことが大切です。悶々と思いにとらわれないようにしましょう。思いも実現しますので、明るいことを思うと明るいことが起きますよ。

その反対もあるので、あまり心配しすぎると心配したとおりになることがありますので、必ず明るい思いをもつよう努力しましょう。

❸ オレンジ…五官・脳・肉体・文学・芸術

スポーツなど身体を使うことが得意です。

3や兄弟色の8がある人は音楽家、画家、スポーツ選手に多く見かけられます。手先も器用です。3や8のある人は何か**芸事をしてみると非常に才能を発揮**しますから、何か自分がしてみたいことに挑戦してみることをおすすめしますよ。3は繰り返すという意味もあります。自分が何を繰り返しているかをよく観察すると、良いことだけを繰り返すよう気づくようになります。

3がある人は、「目で見る」という行為を自然にしています。人の顔色ばかり見て、自分の気持ちに気づかないことがありますので、くれぐれも気をつけましょう。

人も自分も公平な見方をすることが大切です。

❹ 黄色…単純・こころ・律法

4のある人は、心のことを大切にします。「黄の人」で、詳しく説明しましたが、心のことは4という数に注目することで理解が深まります。「4色の人」・「4色の定理」・「4日」・「40日」・「4週間」・「4カ月」・「400日」など4に関係したことが一つの節目になります。

聖書の創世記にあります「ノアの箱舟」の物語も「40日40夜雨が降り注いだ」と書いてあります。3000年前に書かれた書物ですが、あのころは、1カ月が40日だったとも考えられます。4という数に着目することが心の悟りのヒントになるようです。人生の嵐も40日が一節かとも考えられますので、40日間「待つ」ことも大切ですね。

昔から「時間が解決する」とよく言われています。光ると非常に心を大切にしますが、曇ると癇癪が起きたり気が短くなります。恐怖心も曇った状態ですから、黄色の光を意識して勇気を出しましょう。曇るといくらでも欲しくなるのも4のエネルギーです。

4のエネルギーを自己実現や自分の成長に使用すると

今まで、隠れていたエネルギーが出てきますよ。光の基準「単純」も４のエネルギーです。何事も複雑にしないようにすることで、お悩みの解決の糸口となりますよ。

❺ 緑色…理性・悟り・医学・薬学・調和

緑色は４色の中で唯一曇っているか光っているかではなくて、シャッターが開いているか閉じているかです。シャッターの開け方は「打京」という簡単な方法でします。ここでは、５のある人は右手のこぶしで胃の位置をポンと叩いてみてください。その位置が緑の位置です。

こぶしでたたいた途端に緑の門の戸が開きましたよ。シャッターが開いているかいないかはとても大切なことです。叩くのは１回で良いです。５緑の位置を覚えていてくださいね。

５が光ると周りの人をまとめたり仲良くします。
詳しくは「緑の人」をご参考ください。

❻ 青…智性・自力・矛盾なし・生活

「青の人」で書きましたが、青の人は特に愚痴っぽくならないように気をつけましょうね。愚痴が出たら曇ってきたと思って青を意識してください。

6は、「循環」を表します。良いこともそうでないことも**全部自分に循環してきますので、良い循環になるよう**気をつけましょう。

この6の循環を理解すると、毎日の生活が大変快適になります。すべては返ってくるのですから、良い行い、人を助けたり、勉強したりすることに自分のエネルギーを使用することにより素晴らしい循環を体験できること請け合いですよ。会社の繁栄もすべて循環の結果ですよ。

❼ 藍…愛・政治経済・仕事をする・親切・ビジネス・行為

７のある人はとても**親切な人**が多いです。**愛のエネルギー**ですから、人に愛のエネルギーをさしあげることでまた入ってきますから、大変仕事のできる人が７のある人の特徴です。政治、経済の世界で力を発揮します。

７があるだけで、会社や家庭の経済を支えるエネルギーにもなります。物事を完璧にしようとして自分にも周囲にも求めることがあります。

７が光るとお金に困らないようですが曇ると逆ですから気をつけましょうね。

７がある人は営業にむいていますよ。

❽　紫…言葉・情報通信・語る・意志

８のある人はとてもお話が上手です。話すことが得意で、いろいろな情報が自然に入ってきます。現代はたくさんの情報があふれていますので、特に受信、発信には気をつけましょう。光の基準（単純、明快、矛盾なし）をいつも意識して聞いたり、話したりすることが大切です。

霊感や霊能のある人に８を持った方が多く見られます。

８は、見える世界と見えない世界の間にありますから壁の役目をすることがありますので、黒色と共になるべく身に付けないほうが良いようです。光をブロックする色はなるべく着ないほうが良いかと思います。

８は語るという特徴があります。**自分から出る言葉が実現する**というくらい言葉も強いエネルギーですので、言葉の使い方を特に気をつけることが大切です。

調和法

年　　月　　日

名前

生年月日

	第１数	第２数	第３数
１人目	○	○	○
２人目	□	□	□
３人目	○	○	○
４人目	□	□	□
５人目	○	○	○
６人目	□	□	□

2 → 4 → 6 → 2

3 → 5 → 7 → 3

1 → 8 → 9 → 1

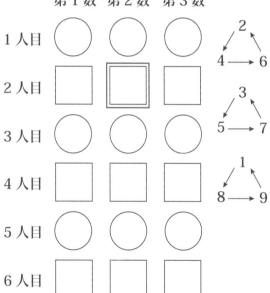

第三表　光　暦

月／日	1	2	3	*(3)	4	5	6	月／日	7	8	9	10	11	12	月／日	ウルウ年
1	2	6	3	4	4	7	7	**1**	7	7	8	2	2	2	**1**	
2	3	7	4	5	5	8	8	**2**	8	8	9	3	3	3	**2**	1872
3	4	8	5	6	6	5	9	**3**	9	9	1	4	4	4	**3**	76
4	5	9	6	7	7	6	1	**4**	1	1	2	5	5	5	**4**	80
5	6	1	7	8	8	7	2	**5**	2	2	3	6	6	6	**5**	84
6	7	2	8	9	9	8	3	**6**	3	3	4	7	7	7	**6**	88
7	8	3	9	1	1	9	4	**7**	4	4	5	8	8	8	**7**	92
8	9	4	1	2	2	1	5	**8**	5	5	6	9	9	9	**8**	96
9	1	5	2	3	3	2	6	**9**	6	6	7	1	1	1	**9**	1904
10	2	6	3	4	4	3	7	**10**	7	7	8	2	2	2	**10**	08
11	3	3	4	5	5	4	8	**11**	8	8	9	3	3	3	**11**	12
12	4	4	5	6	6	5	6	**12**	9	9	1	9	4	4	**12**	16
13	5	5	6	7	7	6	7	**13**	1	1	2	1	5	5	**13**	20
14	6	6	7	8	8	7	8	**14**	2	2	3	2	6	6	**14**	24
15	7	7	8	9	9	8	9	**15**	3	3	4	3	7	7	**15**	28
16	8	8	9	1	1	9	1	**16**	4	4	5	4	8	8	**16**	32
17	9	9	1	2	2	1	2	**17**	5	5	6	5	9	9	**17**	36
18	1	1	2	3	3	2	3	**18**	6	6	7	6	1	1	**18**	40
19	2	2	3	4	4	3	4	**19**	7	7	8	7	2	2	**19**	44
20	3	3	4	5	5	4	5	**20**	8	8	9	8	3	3	**20**	48
21	4	4	5	6	6	5	6	**21**	9	9	1	9	1	4	**21**	52
22	5	5	6	7	7	6	7	**22**	1	1	2	1	2	5	**22**	56
23	6	6	4		8	7	8	**23**	7	2	3	2	3	6	**23**	60
24	7	7	5		9	8	9	**24**	8	3	4	3	4	7	**24**	64
25	8	8	6		1	9	1	**25**	9	4	5	4	5	8	**25**	68
26	9	9	7		2	1	2	**26**	1	5	6	5	6	9	**26**	72
27	1	1	8		3	2	3	**27**	2	6	7	6	7	1	**27**	76
28	2	2	9		4	3	4	**28**	3	7	8	7	8	2	**28**	80
29	3	3	1		5	4	5	**29**	4	8	9	8	9	3	**29**	84
30	4		2		6	5	6	**30**	5	9	1	9	1	4	**30**	92
31	5		3			6		**31**	6	1		1		5	**31**	96

(*)はウルウ年　　　　　(『潜在能力点火法』81ページ　三木野吉著より)

光の表 The Table of Light

原色 PRIM. COLOR	数 NO.	意識 SENSE	プラス PLUS	マイナス MINUS	回路 CIR-CUIT	元素 ELEM.	生物 LIVING CREA-TURE	名称 NAME OF COLOR	数字の意味 MEANING OF NO.	役職 AREA OF ACTIVITY	心の断面図 PART OF HEART	想念行為 ACT OF THOUGHT
	9							みよ look (olive)	苦、終り Light of Mind pain,end			(心で)見る look (with heart)
	1							ちり dust (amethyst)	始め beginning			念ずる wish
	2	明快 clarity	努力 effort	いかり anger	い i	O(H) O(H)	人 human	あか red	人間関係 human relation		感情 emotion	思う think
	3							オレンジ orange	中道 Middle Way	文学、芸術 literature, art	五官、脳 five,senses, brain	(目で)見る see (with eye)
	4	単純 simplicity	勇気 courage	むさぼり greed	あ a	H H	獅子 lion	きい yellow	心 heart	律法 legistlation	本能 instinct	とどまる wait
	5				ひ hi	N(a) N(a)	牛 bull	みどり green	悟 satori	薬学、医学 pharmacy, medicine	理性 reason	反省する check
	6	矛盾なし consistency	智恵 wisdom	愚痴 grumble	じ ji	C(l) c(l)	鷲 eagle	あお blue	循環、自力 Circulation, self-support	科学 science	智性 intellect	生活する live
	7							あい indigo	愛 love	政治、経済 politics, economics	行為 action	仕事をする work
	8							むらさき purple	八正道 Eight Right Ways	通信、情報 communication, information	意志 will	語る speak

(『潜在能力点火法』90－91ページ　三木野吉著より)

6人分の光エネルギー

例）1950年（昭和25年）11月13日

	第1数	第2数	第3数
1人目	6	6	3（表面意識）
2人目	6	⑤	2（潜在意識）
3人目	6	8	5
4人目	6	7	4
5人目	6	1	7
6人目	6	9	6

● 2人目の第2数⑤はP45の「光暦」で調べます。
横＝月・縦＝日で11月13日を調べると、5という数がわかります。

● 3人目～6人目は第3数を3つのグループから出します。

3つのグループ

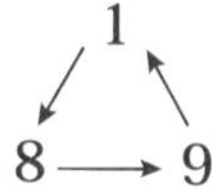

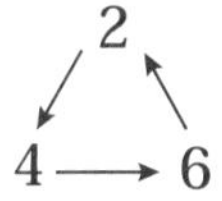

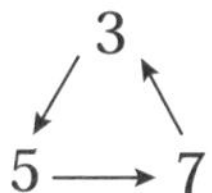

この人は１人目の第３数が「３」なので３人目に「５」、５人目に「７」と入れます。次に２人目の第３数が「２」なので４人目に「４」、６人目の第３数に「６」を入れます。これで３人目～６人目の第３数がわかりますので、第２数は1＋○＝3の計算で○に当てはまる数を入れます。

注意点は6＋○＝5、というように第３数が小さい時は二桁にして考えます。つまり、九進法ですから5＝14と二桁にすると、○が出しやすくなります。

6＋○＝5 → 6＋○＝14として計算したら○＝8、答え685となります。

打京・推背

調和法の実施の前に、「前の戸」と「後ろの戸」を開ける必要があります。

「前の戸」を開けることを、「打京」

「後ろの戸」を開けることを、「推背」といいます。

「打京」は文字通り、「京を打つ」です。

４色によって場所が決まっています（打つのは１回のみ）。

緑・胃の位置……右手でノックする形で打つ

黄・右胸（バストのトップ）…右手でノックする形で打つ

赤・左胸（心臓の上）…左手で心臓マヒを起こさない様に打つ

青・喉（ネクタイの結ぶ所）…右手でノックする形で打つ

推背……身近な人にお願いして、背中を推してもらう。後ろに立ち、両手を三角にして、人差指の先を、背骨の一番上のぐりぐりとした所に充てて推したら、左手はおろし、右手の人差し指をそのままにして立てて親指を開いた場所をノックする形でポンと打つ。

背中の色は二人目の第3数で人により違います。

推背で「後ろの戸」を開ける方法

身近な人などに依頼して、実践してみましょう。

①

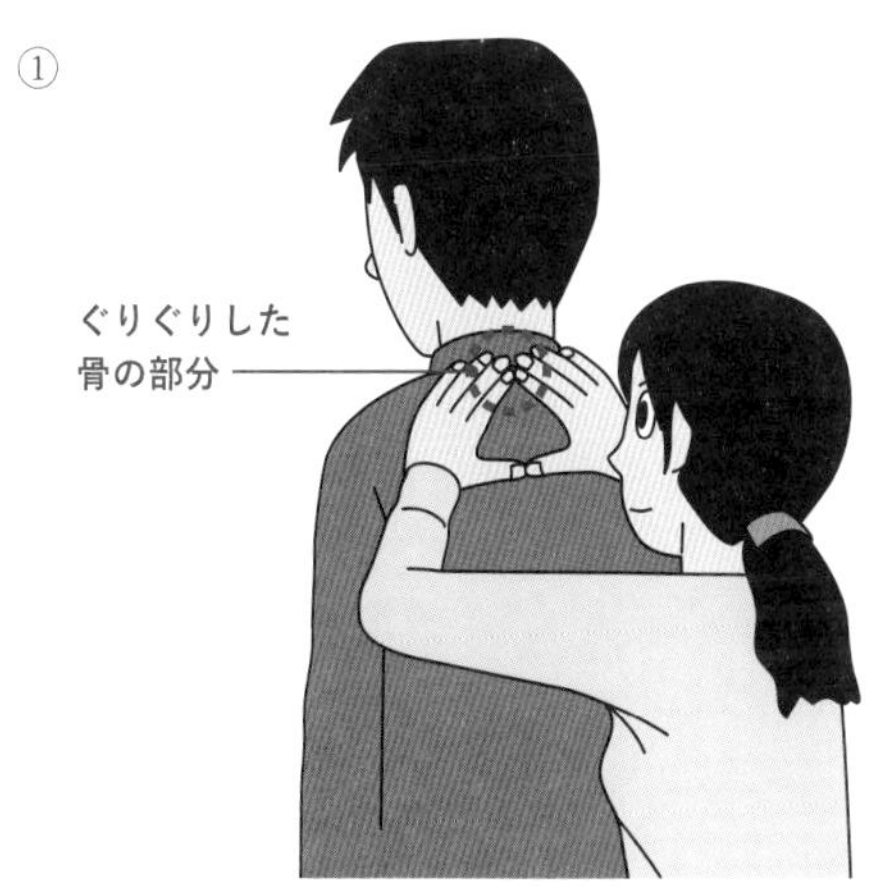

両手で三角形をつくり、人差し指の先を、背骨の一番上のぐりぐりとした部分にあてて推(お)します。

②

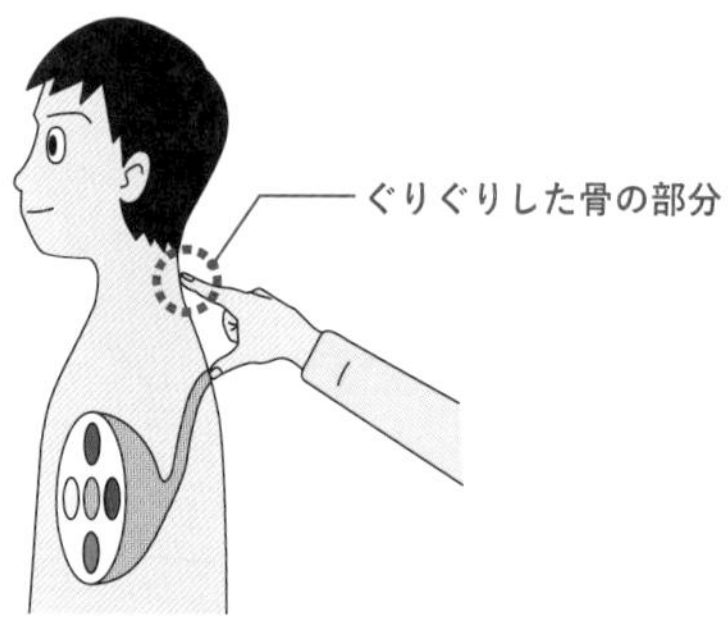

左手をおろした後、右手の人差し指を位置はそのままの状態で立たせて、親指を直角に開きます。

③

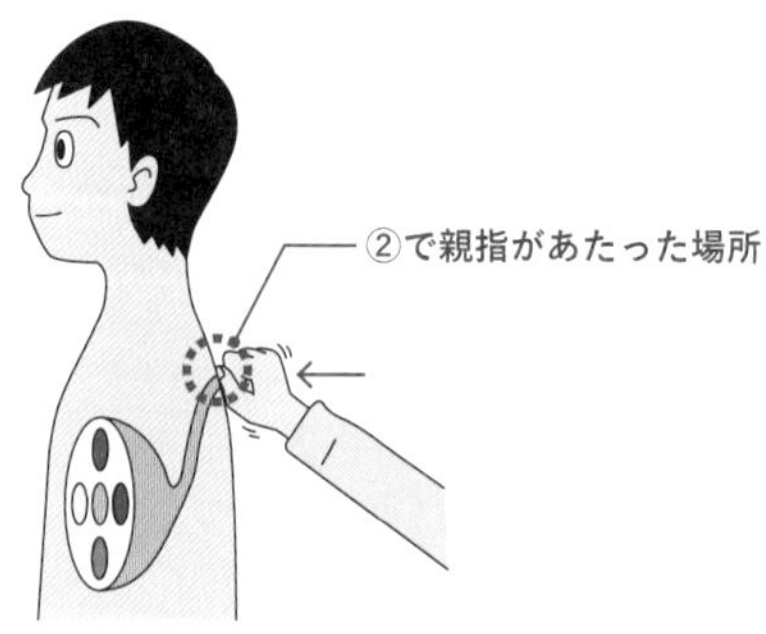

開いた親指があたった場所を、ドアをノックするかたちでポンと打ちます。叩いてもらった場所が、「後ろの戸」の位置です。

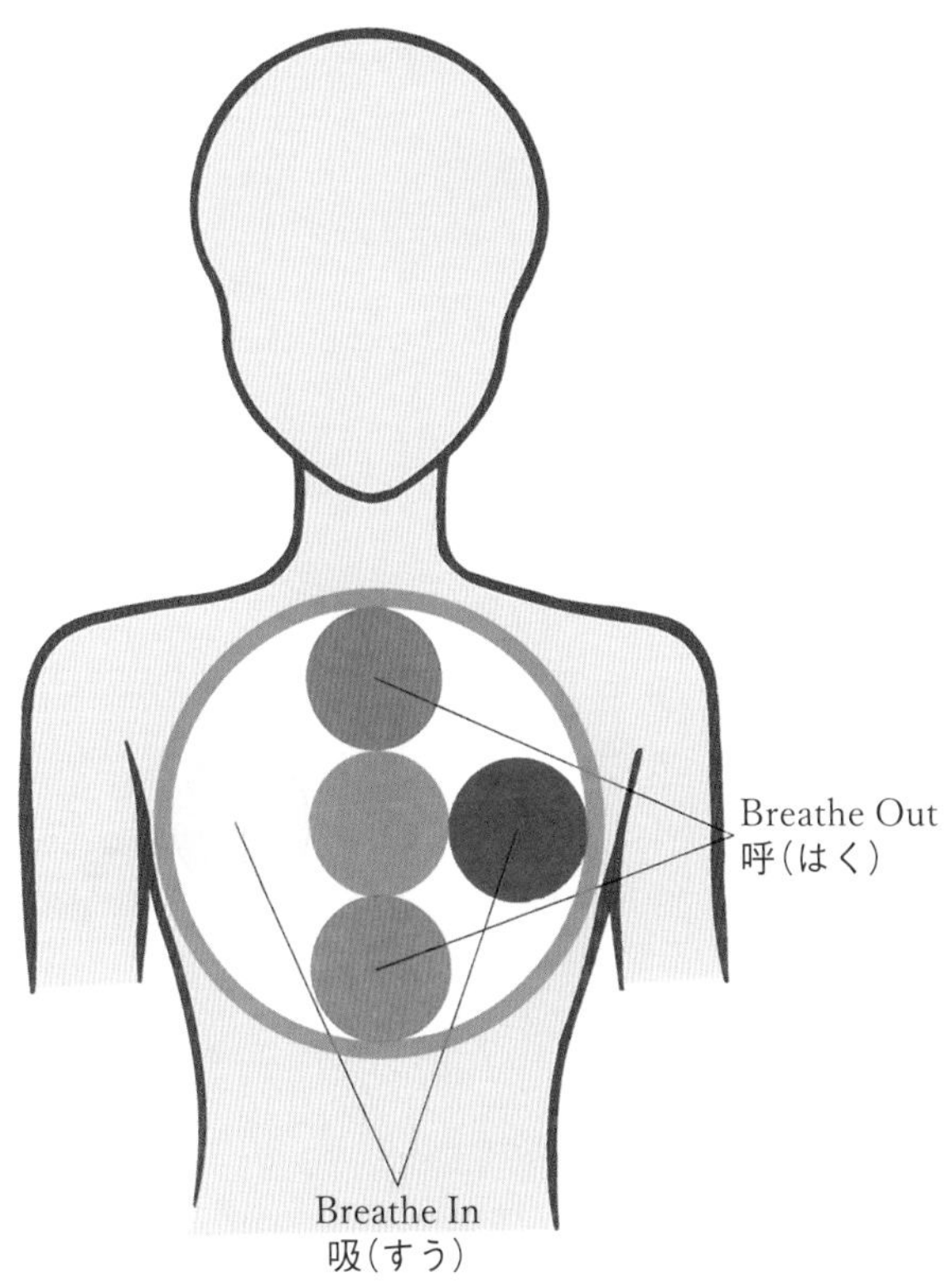

Fig. 3. If your color is yellow or red, think of your color when breathing in, if green or blue, think of it when breathing out.
第３図　光の位置

（『潜在能力点火法』三木野吉著より）

Fig. 21. The Source of Light
in the Future Space

第21図　未来の水源池

(『潜在能力点火法』三木野吉著より)

調和法の実施

緑の人の調和法

光（　　　　　　　　　　）

1．未来の水源池（図）
　来年の今日、家族が全員ニコニコ、団欒している姿を思う。

　（　　　　　）さんニコニコ（　　　　　　）さんニコニコ（　　　　　　）さんニコニコ……（全員）

2．赤色を99数えながら、瞬きしないように見る。
　99数えたら、すぐ目を閉じてまぶたの裏の色（光）を見ながら、次の呼吸をする。

3．最初だけ何も考えずに、鼻から息を吸う……
　次に吐く時、前の打京した位置（胃の所）に緑・緑……と思いながら口から吐く（ゆっくり吐き出す）
　次に吸うとき、背中の推背の位置に（　　）色と思いながら吸う。吐く時（緑色）吸う時（　　）色。
　繰り返し10分間呼吸をする。

Fig. 4. Light of 5

第4図　⑤の光

（『潜在能力点火法』三木野吉著より）

調和法の実施

黄の人の調和法

光（　　　　　　　　　　　）

1．未来の水源池（図）

来年の今日、家族が全員、ニコニコ団欒している姿を思う。

来年の今日（　　　　　　）さんニコニコ（　　　　　）さんニコニコ……（全員）

2．青色を99数えながら、瞬きしないで見る。

99数えたら、目を閉じて、まぶたの裏の色（光）を見ながら、次の呼吸をする。

3．吸う時、右胸の打京（前の戸）位置に、黄色と思いながら、鼻から吸う。次に吐く時に、背中の推背（後ろの戸）の位置に、（　　）色と思って口からゆっくり吐く。

繰り返し10分間呼吸をする。

Fig. 5. Light of 4

第5図　④の光

（『潜在能力点火法』三木野吉著より）

調和法の実施

赤の人の調和法

光（　　　　　　　　　　）

1．未来の水源池（図）

来年の今日、家族が全員ニコニコ団欒している姿を思う。

来年の今日（　　　　　　）さんニコニコ（　　　　　）さんニコニコ……（全員）

2．緑色を99数えながら瞬きしないで見る。

99数えたら、目を閉じて、瞼の裏の色（光）を見ながら次の呼吸をする。

3．吸うとき、前の打京（左胸）位置に赤と思って鼻から吸う。次に吐く時に、背中の推背の位置に（　　）色と思って吐く。

繰り返し10分間呼吸をする。

Fig. 6. Light of 2

第6図　②の光

（『潜在能力点火法』三木野吉著より）

調和法の実施

青の人の調和法
光（　　　　　　　　　　）

1．未来の水源池（図）
来年の今日、家族が全員ニコニコ団欒している姿を思う。来年の今日（　　　　　）さん
ニコニコ　（　　　　　）さんニコニコ……（全員）

2．黄色を99数えながら、瞬きしないで見る。
99数えたら、目を閉じて瞼の裏の色（光）を見ながら、次の呼吸をする。

3．最初は何も考えないで鼻から吸う。
次に吐く時に、前の打京（喉の所）に青と思って口からゆっくり吐く。次に吸う時背中の推背の位置に（　　　　）色と思って鼻から吸う。吐くとき青・吸う時（　　　　）色。繰り返し10分間呼吸をする。

Fig. 7. Light of 6

第7図　⑥の光

(『潜在能力点火法』三木野吉著より)

＜家族の処方箋＞

住所	〒		TEL		職業	
氏名	様	日付		場所		

関 係 なまえ	関 係 なまえ	関 係 なまえ	関 係 なまえ	6 4 S 2 5
S T M	S T M	S T M	S T M	
◎	◎	◎	◎	
○	○	○	○	
関 係 なまえ	関 係 なまえ	関 係 なまえ	関 係 なまえ	
S T M	S T M	S T M	S T M	
◎	◎	◎	◎	
○	○	○	○	

※R：令和（＋2)、H：平成（－1)、S：昭和（－1)、T：大正（＋3)、M：明治（－5)

（『家族の処方箋』三木野吉著より）

光の基準

単純・明快・矛盾なし　426

光を勉強する人が一番大切にしてほしいのがこの3つの基準です。

単純・明快・矛盾なしに見る。
単純・明快・矛盾なしに思う。
単純・明快・矛盾なしに語る。
単純・明快・矛盾なしに仕事する。
単純・明快・矛盾なしに生活する。
単純・明快・矛盾なしに念ずる。
単純・明快・矛盾なしを基準として反省する。

『光文』より三木野吉著

あとがき

心は“光”でできています。

そして、光でできた心に、入って来るエネルギーも“光”です。

『潜在能力点火法』の著者三木野吉先生の講演会は、必ずこの言葉から始まりました。

三木野吉
1919年6月8日（257）生
1995年12月7日（617）没
76歳でした。

亡くなるまでの、10年間師事した、著者杉原早織が、自分の人生の34年間（35〜69歳）をかけて『潜在能力点火法』にあります、「調和法」を実行した結果どのような体験をさせて頂いたか？という体験発表とその実行法を、基本に忠実に、できるだけわかりやすくお伝えすることを目的としています。

そして、失敗と思ったことが、

「失敗は成功のもと」とエジソンが、体験したことと同じことを体験した時、

「光の調和法」は「待つ」という「忍耐力」も自分の中で育っていることを実感します。


生前の三木野吉先生は、ニコニコしながら「松竹梅」の読み方を、私たちに尋ねていました。

そして二通りの読み方を教えてくださいました。


「松　まつ　竹　だけで　喜びが　梅　ばいになる」

「松　まつ　竹　だけで　梅　うめーことがある」


「寿」は「子どもがピョンピョン飛ぶ木」「ことぶき」と表現して、子どもたちが大喜びして木の周りをピョンピョン飛んでいる姿こそ「ことぶき　寿」と表現されていました。

世の中のすべてのお子様が「寿」となりますことを願って
『４色の人』を出版させて頂きます。

文責は、すべて、著者にあります。

杉原早織

参考文献

『潜在能力点火法』
『潜在能力点火法369編』　三木野吉著
『「思い」と「実現」の法則』
ウォレス・D.ワトルズ著　佐藤富雄訳

光球（光のシャボン玉）の写真

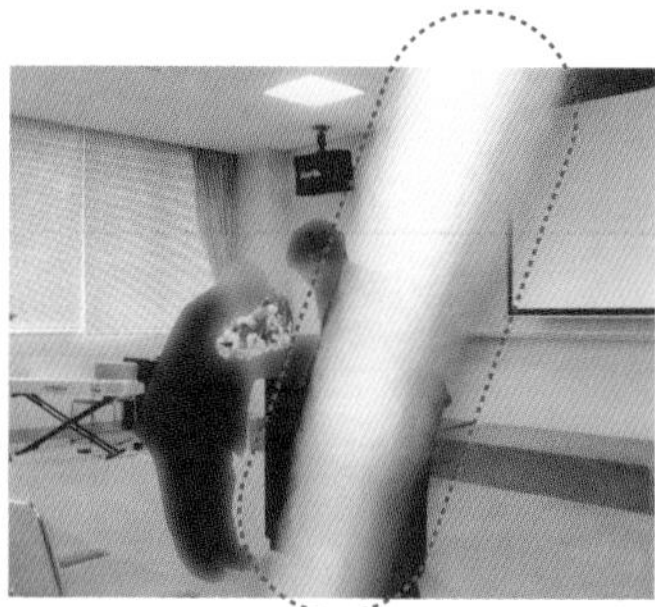